동유럽 자유 여행기

동유럽 자유 여행기

발행일	2025년 8월 20일			
지은이	이명섭			
펴낸이	손형국			
펴낸곳	(주)북랩			
편집인	선일영	편집	김현아, 배진용, 김다빈, 김부경	
디자인	이현수, 김민하, 임진형, 안유경, 최성경	제작	박기성, 구성우, 이창영, 배상진	
마케팅	김회란, 손화연, 박진관			
출판등록	2004. 12. 1(제2012-000051호)			
주소	서울특별시 금천구 가산디지털 1로 168, 우림라이온스밸리 B동 B111호, B113~115호			
홈페이지	www.book.co.kr			
전화번호	(02)2026-5777	팩스	(02)3159-9637	
ISBN	979-11-7224-773-7 03920 (종이책)		979-11-7224-774-4 05920 (전자책)	

잘못된 책은 구입한 곳에서 교환해드립니다.
이 책은 저작권법에 따라 보호받는 저작물이므로 무단 전재와 복제를 금합니다.
이 책은 (주)북랩이 보유한 리코 장비로 인쇄되었습니다.

(주)북랩 성공출판의 파트너

북랩 홈페이지와 패밀리 사이트에서 다양한 출판 솔루션을 만나 보세요!

홈페이지 book.co.kr • **블로그** blog.naver.com/essaybook • **출판문의** text@book.co.kr

---

작가 연락처 문의 ▶ ask.book.co.kr

작가 연락처는 개인정보이므로 북랩에서 알려드릴 수 없습니다.

동유럽
자유
여행기

인생 2막을 여는 칠순 부부의
느리고 깊은 감성 여행

이명섭 지음

 북랩

목차

프롤로그   007

5/13 (월)	동유럽 1일차, 부다페스트 1일차	010
5/14 (화)	동유럽 2일차, 부다페스트 2일차 - 부다 언덕에서 바라본 도시의 숨결	014
5/15 (수)	동유럽 3일차, 부다페스트 3일차 - 걷고, 보고, 느끼며	030
5/16 (목)	동유럽 4일차, 빈 1일차 - 황금빛 궁전에서 빈과 처음 마주하다	040
5/17 (금)	동유럽 5일차, 빈 2일차 - 비와 함께 걷는 황실의 도시, 빈	052
5/18 (토)	동유럽 6일차, 빈 3일차 - 예술과 일상의 경계에서	066
5/19 (일)	동유럽 7일차, 빈 4일차, 체코 1일차 - 모라비아에서 여행의 시간을 늦추다	084
5/20 (월)	동유럽 8일차, 체코 2일차 - 지평선 너머로 흐르는 풍경	098
5/21 (화)	동유럽 9일차 - 국경을 넘는 하루, 올로모우츠에서 바우브지흐까지	114
5/22 (수)	동유럽 10일차, 독일 1일차 - 모라비안 교회의 선교 역사	126

날짜	내용	페이지
5/23 (목)	동유럽 11일차, 독일 2일차 - 마이센, 도자기와 고딕의 시간	138
5/24 (금)	동유럽 12일차, 독일 3일차 - 재건된 도시 드레스덴의 낮 모습	150
5/25 (토)	동유럽 13일차 - 독일 바슈타이(Bastei), 체코 프라하	166
5/26 (일)	동유럽 14일차, 프라하 2일차 - 고성과 강 그리고 발레	172
5/27 (월)	동유럽 15일차, 프라하 3일차 - 기억 속의 도시를 다시 걷다	184
5/28 (화)	동유럽 16일차, 체코 텔츠(Telč)	200
5/29 (수)	동유럽 17일차, 체스키 크룸로프(Český Krumlov)	210
5/30 (목)	동유럽 18일차, 잘츠부르크(Salzburg) - 모차르트의 도시	222
5/31 (금)	동유럽 19일차, 잘츠캄머구트 1일차	232
6/1 (토)	동유럽 20일차, 잘츠캄머구트 2일차 - 비와 안개 속, 호수 마을을 거닐다	238
6/2 (일)	동유럽 21일차, 잘츠캄머구트 3일차 - 구름 위를 걷고 호숫가에 앉다	250
6/3 (월)	동유럽 22일차, 바하우(Wachau) - 수도원과 강 그리고 비	266
6/4 (화)	동유럽 23일차, 바하우 계곡, 헝가리 죄르	276
6/5 (수)	동유럽 24일차 - 마지막 아침과 출국 전 산책	286

에필로그 290

프롤로그

2024년 5월의 어느 날, 여행 짐을 다시 꾸렸다. 화려한 이유도, 거창한 계획도 없었다. 그저 일상에서 벗어나 낯선 곳을 향해 걸어 보고 싶었다. 나이 칠순을 앞두고 나니 '더 늦기 전에 마음 한구석에 남겨 놓은 동유럽에 대한 상상과 기대를 현실로 옮겨야겠다'는 생각이 문득 떠올랐다.

출발하기 전엔 설렘보다는 망설임이 더 크다. 몸보다 마음이 먼저 지쳐 버리는 나이가 되었고, 낯선 언어와 문화, 음식과 날씨 등의 변수와 함께 긴 여행 일정은 부담으로 다가온다. 그럼에도 가지 않으면 세월은 우리 곁을 스쳐 갈 뿐이고, 결단하고 나섰을 때 자신을 제대로 마주할 수 있음을 경험을 통해 알고 있기 때문에 다시금 용기를 냈다.

23박 24일, 우선 헝가리 부다페스트에서 시작해 오스트리아 빈을 거쳐 체코의 모라비아와 폴란드 국경 도시까지 쉬엄쉬엄 찾아갔다. 부다페스트 부다 언덕에서 마주한 야경의 황홀함, 지나가다 들른 식당에서의 늦은 점심의 행복, 헝가리 근대사 박물관에서 느낀 과거 상처의 아픔을 경험했다. 음악이 흐르는 도시, 빈의 역사와 문화 그리고 소년합창단의 미사 공연과 베토벤의 무덤까지, 음악 도시다운 즐거움을 만끽했다. 체코의 모라비아 지방의 들판은 그림같이 아름다웠고, 풍요로웠다. 소도시에서만 맛볼 수 있는 여유와 슬로 시티 모습들이 눈에 선하다. 폴란드의 작은 도시의 사람들은 낯설지만 따뜻했다.

　다음 여정은 폴란드를 떠나 독일의 작센주의 드레스덴과 마이센 방문을 거쳐 체코의 프라하, 텔치와 체스키 크룸로프를 차례대로 방문하는 제법 긴 일정이다. 드레스덴 가는 길에 들른 헤른후트에서는 진젠도르프 백작의 헌신적인 선교 정신에 감동했다. 드레스덴과 마이센에서는 전쟁과 복원의 흔적, 예술의 고요한 울림을 느꼈다. 체코 프라하의 고성과 석양의 아름다움, 발레 공연의 해프닝, 텔치의 비 내리는 광장에서 들려온 청소년 밴드 연주, 체스키 크룸로프의 동화 같은 마을을 걸으며 우리는 마치 젊은 시절로 돌아간 듯한 착각과 즐거움에 빠졌다.

　종반부 여행은 다시 오스트리아로 넘어와 모차르트가 태어난 잘츠부르크에서 시작했다. 잘츠캄머구트에서 오스트리아 자연의 절경을 진심으로 보고 느끼고 싶었다. 하지만 날씨가 도와주지 않아 무척 아쉬웠다. 오락가락하는 비 때문에 할슈타트를 두 번이나 찾을 정도로 계속해서 흐리고 비가 내렸다. 그래도 호수에서 들려오는 바람과 물소리, 그리고 안개 자욱한 산의 침묵이 주는 포근함이 우리를 위로해 주었다. 아쉬움을 남긴 채 바하우 계곡에서 만난 포도밭과 도나우 강의 향연은 맑은 날씨와 함께 어우러져 우리의 마음과 생각을 행복으로 가득 채워 주었다. 여정의 마지막은 헝가리 죄르에서 무사히 마무리했다.

　돌아오는 길목에서, 우리는 나란히 앉아 긴 여행을 되짚었다. 정해진 길만 따르지 않고 가끔 길을 잃기도 하고, 주차 때문에 머리를 싸매고,

비 때문에 하루를 허무하게 보내기도 했다. 슈퍼마켓 장바구니에 빵과 물을 담으며 소박한 행복에 웃기도 했다. 한인교회에서 예배를 드리고 헤른후트에서 신앙을 돌아보는 의미 있는 경험도 했다.

어디서 무얼 보았는지보다, 어디서 얼마나 쉬었는지가 더 또렷이 남는 여행이었다. 화려한 궁전의 벽화보다 숙소 식탁에 놓인 웰컴 와인 한 병이 더 따뜻했다. 구글맵이 안내해 준 길보다, 때로는 길을 헤매다 우연히 마주친 골목과 꽃길이 더 오래 마음에 남았다.

이번 여행에서 다치지 않았고, 아프지 않았고, 마음이 어긋나지 않았던 것, 모든 것이 고맙고 감사했다. 누군가에게는 그저 유럽의 몇 도시를 다녀온 이야기일지 모르지만, 우리에겐 함께 살아온 시간에 작은 쉼표를 찍고, 앞으로의 시간을 더 따뜻하게 맞이하기 위한 쉼과 회복의 기회였다고 생각한다.

5/13
월요일

동유럽 1일차,
부다페스트 1일차

인천국제공항에서 오전 8시 15분에 출발한 항공편은 약 12시간의 비행 후 현지 시각 1시 10분에 부다페스트 리스트 페렌츠 국제공항에 도착했다. 이번 여행에서는 폴란드항공을 처음 이용하였다. 인천-부다페스트 직항으로 운행하고 항공료도 타 항공사에 비해 가성비가 아주 좋아서 매우 만족했다.

새로운 여행지에서의
어색함과 불편함

　여행은 항상 기대감과 설렘을 안고 떠난다. 하지만 현실은 익숙하지 않은 것들로 인해 약간의 긴장감을 느끼게 한다. 생소한 시스템, 낯선 언어와 문자 등에 적응하는 데 얼마간의 시간이 걸리기 때문이다. 이번 여행은 동유럽 5개 국가를 렌터카로 이동하며 모든 구간을 운전하는 상당히 도전적인 여행이었다.

　렌터카를 픽업할 때부터 언어 장벽이 느껴졌다. 영어로 소통하는데도 억양이 다르니 잘 들리지 않아 답답했다. 나이가 들면서 모든 신체 기능이 더디게 작동함을 실감했다. 차를 배정받고 차의 기능을 확인한 후, 내비게이션을 설정하는 데 필요한 부품을 어느 가방에 두었는지 찾지 못해 시간이 많이 걸렸다. 왠지 이번 여행을 앞두고 조바심과 걱정이 앞섰다. 출발이 매끄럽지 못했지만 어쨌든 우리는 2024년 5월에 23박 24일 여정의 동유럽 여행을 시작하였다.

Budget 렌터카

자동 기어 렌터카로 Skoda를 받았는데 생소한 브랜드라서 걱정이 되었지만, 체코의 유명한 자동차 회사로, 현재 폭스바겐 자회사임을 알고 안심했다. 23일 동안 종합보험을 포함해서 320만 원 정도 지불했으니 나쁘지 않은 가격이다.

숙소 Nova City

Booking.com을 통해 숙소를 3박 예약했는데, 2개월 전 예약한 가격보다 30% 저렴한 가격의 방이 여행 1개월 전에 같은 숙소 사이트에 올라와서 기존 예약을 취소하고 새로 예약했다. 시간이 지나도 예상한 만큼 예약이 들어오지 않자 할인해서 처분한 것으로 보였다. 비수기 여행을 앞두고 숙소 예약을 너무 빨리 하면 자신도 모르게 비싼 금액을 지불할 확률이 높다. 특히 많은 관광객이 찾지 않는 지역의 경우 하루 전이나 당일에 예약하는 게 훨씬 싸다. 주차 공간을 사전에 예약(하루 12유로씩 36유로)해 두어 편리하게 주차하고 투숙하였다.

　이번 여행은 가능하면 숙소에서 식사를 해결하려고 부엌 시설이 있는 곳으로 예약하였다. 숙소 인근 마켓인 City Spar에서 물, 우유, 햄, 과일, 콜라, 올리브 오일 등을 구입하였다. 부다페스트에 체류하는 동안 필요한 식사 재료를 준비하니, 여행이 시작되었음이 실감 났다.

　한국에서 준비해 온 쌀로 밥을 해서 몇 가지 반찬과 곁들여 저녁 식사를 해결했다. 하루 만에 먹는 밥인데 맛있었다. 밥솥도 챙겨 왔으니 열심히 밥해 먹고 즐거운 여행을 하자고 아내가 용기를 주었다.

　여행 첫날 밤, 실내가 추웠다. 두꺼운 이불을 덮어도 냉기가 가시지 않았다. 추운 것이 이상해 창문을 확인해 보니 침실 창문이 커튼에 가려져 열려 있는 것을 미처 알지 못했다. 낮에 청소한 후 환기를 위해 창문을 약간 열어 두었던 것이었다. 이후 여행에서는 숙소에 도착하면 우선 창문부터 점검하는 습관이 생겼다.

5/14
화요일

동유럽 2일차, 부다페스트 2일차

부다 언덕에서 바라본 도시의 숨결

여행 둘째 날, 아침은 간단히 준비한 재료로 시작했다. 전날 슈퍼마켓에서 산 바게트를 버터에 구워 냈고, 브랜드조차 모른 채 고른 햄은 뜻밖의 만족을 주었다. 익숙하지 않은 재료들이 오늘 식탁을 풍요롭게 해 주었다.

부다 언덕, 그리고 낯선 시스템

　오전 9시 30분, 부다 언덕으로 향했다. 성문 근처에 마침 빈 주차 공간이 있어 행운이라 여겼지만, 문제는 그 뒤에 시작되었다. 주차 요금 기계가 헝가리 포린트 동전만을 받았고, 카드 결제는 되지 않았다. 마침 지나가던 현지 청년의 도움으로 주차 앱을 설치하려 했으나 데이터 속도가 느려 어려움을 겪었다. 20분 넘게 씨름했지만 결국 실패하고, 대안으로 유럽에서 널리 쓰이는 EasyPark 앱을 설치했지만 이번에는 카드 등록이 매끄럽지 않았다. 무려 1시간 20분, 이곳과 연결되는 첫 단추가 그리 간단하지는 않았다.

어부의 요새와 성 이슈트반 동상

　부다 언덕의 입구는 고풍스러운 성문으로 시작된다. 그 너머로 펼쳐지는 공간은 시간이 멈춘 듯했다. 고딕과 로마네스크 양식이 조화를 이룬 어부의 요새와 그 앞으로 이어지는 마차시 성당, 그리고 조금 떨어진 곳에 있는 왕궁이 이곳의 중심을 이룬다.

　1890년대에 지어진 어부의 요새는 단지 조망 포인트가 아니다. 일곱 개의 탑은 헝가리 건국의 일곱 부족을 상징하고, 하얀 석조 구조는 도나우 강과 어우러져 한 폭의 눈부신 장면을 만든다. 이른 아침이라 그런지 관광객은 그리 많지 않았다.

　요새 2층으로 올라갔다. 360도 파노라마 경치가 청명한 하늘 아래 넓게 펼쳐진다. 고요함 속에서 다뉴브 강과 어우러진 페스트 지역의 풍광은 말이 필요 없는 독보적인 모습을 선사해 주었다.
　어부의 요새를 걸으며 부다페스트의 멋진 전경에 흠뻑 빠진다. 전 세계의, 엄청나게 많은 관광객들이 이곳을 찾는 이유를 알 것 같았다. 푸른 강물과 고풍스러운 빨간 지붕 건물들, 다뉴브 강에 떠 있는 다리들도 저

마다 색다른 모습을 뽐내고 있다. 이곳 광경은 다른 어디에서도 볼 수 없는 대서사시다. 한참을 내려다보다 '강 건너 반대편에서 보면 이곳은 어떻게 보일까' 하는 궁금증이 들었다.

어부의 요새 광장에는 헝가리 초대 국왕인 성 이슈트반의 동상이 있다. 그는 헝가리의 기독교화를 이끈 중요한 인물로, 헝가리 역사에서 매우 존경받는 왕이다.

어부의 요새를 둘러본 후 광장에 있는 스타벅스에서 아이스 카페라테와 시나몬케이크를 먹으며 잠시 쉬었다. 익숙한 맛이 주는 안정감이 여행 중엔 특별하게 다가온다.

마차시 성당은 로마 카톨릭 성당으로 약 1,000년 전에 세워졌으며 이후 여러 번의 개축을 통해 오늘에 이르렀다. 1867년 헝가리 왕으로 즉위한 프란츠 요세프 오스트리아 황제와 엘리자베트 황후의 화려한 대관식이 거행된 곳으로 유명하다. 뾰족한 첨탑들과 독특한 아르누보 양식의 지붕이 아름다운 성당이다.

성당 정문 앞에는 흑사병이 물러난 것을 기념한 삼위일체 석주가 우아하게 서 있다.

마차시 성당탑 오르기

오후 1시, 사전 예약한 마차시 성당탑에 올랐다. 197계단을 30분 만에 다녀오는 게 조금 걱정되었지만 도전해 보기로 했다. 높은 첨탑에 올라 더 멋진 풍경을 보고자 하는 욕심으로 좁고 둥글게 말린 꽤 가파른 계단을 헉헉거리며 올라갔다. 그러한 우리의 모습이 바벨탑을 쌓아서 하늘 끝까지 오르고자 했던 인간의 본성과 다를 바 없음을 느꼈다.

힘들게 올라온 수고가 헛되지 않았다. 루프탑에서 바라본 풍경은 한마디로 압도적이었다. 날씨도 매우 쾌청하여 부다페스트 시가가 한눈에 들어온다. 굽이쳐 흐르는 도나우 강 위에 떠 있는 다양한 모양의 다리들과 유유히 오가는 유람선들, 국회의사당 건물, 멀리 보이는 대성당 등 축복 받은 도시다.

다음 사진에 보이는 도나우강 위 현수교가 그 유명한 세체니 다리. 이 다리가 건설되기 이전에는 배를 잇는 부교가 유일한 강을 건너는 방법이 었는데, 이 다리가 세워져 부다와 페스트가 실질적으로 하나의 도시로 연결되는 계기가 되었다.

아르누보 양식의 지붕이 여기저기 눈에 들어온다. 특히 다양한 색상과 디자인으로 아름답게 꾸며진 아르누보 양식의 도자기 지붕은 오랫동안 기억에 남았다. 건축물 지붕까지 도자기로 아름다움을 수놓은 그들의 기술과 예술성에 감탄이 저절로 나왔다.

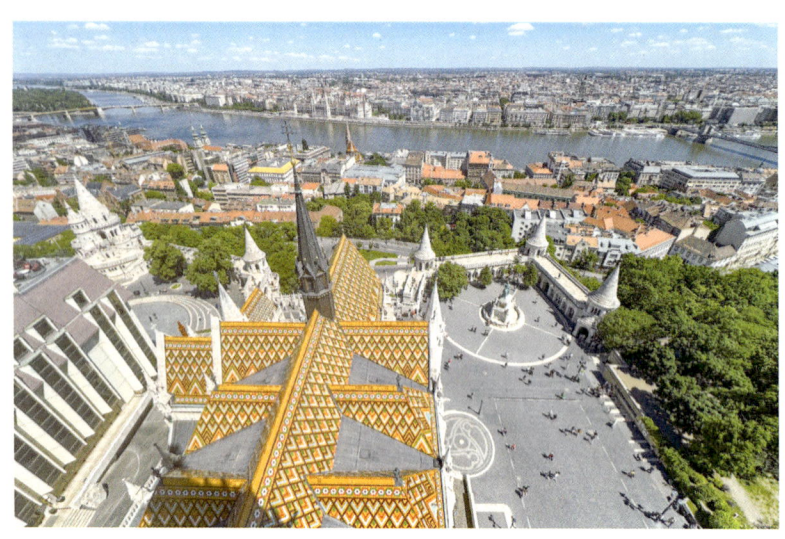

방향을 바꾸다
– 시장 대신, 산책

　왕궁까지 걷기엔 체력이 부담되어 잠시 고민 끝에 왕궁은 다음 기회로 미루고 중앙 재래시장으로 향했다. 그러나 구글맵의 안내가 도로 규제와 어긋나는 유턴과 우회를 반복했고, 결국 시장 방문은 포기. 강변에 주차하고 강변 따라 걷는 도보 산책으로 방향을 틀었다. 도나우 강 건너편의 국회의사당을 바라보며 유유히 걷는 산책이 무척 좋았다.

　우연히 찾은 Angelica Etterem es Kavehaz에서 늦은 점심을 먹었다. 헝가리식 굴라시는 고기와 향신료의 조화가 뛰어났고, 비프 타르타르와도 잘 어울렸다. 아내는 자신이 메뉴 선택을 잘했다고 만족하였다. 알리오올리오 파스타 맛도 괜찮았고, 레모네이드와 팁 포함해서 25,100Ft 지급했다. 구글 평가가 좋은 식당이었다.

영웅광장과 시민공원

　오후 5시 반, 영웅광장에 도착했다. 헝가리 건국 천년을 기념해 1896년에 만든 대형 광장으로, 부다페스트의 랜드마크다. 중앙에 우뚝 솟은 기둥에는 가브리엘 천사상이 자리하고, 기둥 양쪽으로 마자르족 족장 등 일곱 명의 기마상이 우뚝 서 있다.

광장 뒤편으로 이어진 시민공원에는 세체니 온천, 바이다후녀드성, 민속박물관 등이 모여 있다. 특히 호수 위에 떠 있는 바이다후녀드성은 디즈니 영화를 연상시킬 만큼 아름답다. 무심코 찾은 시민공원에서 멋진 풍경과 건축물을 볼 수 있는 것도 자유여행의 묘미다.

시민공원에 있는 헝가리안 뮤직홀 외관이 인상적이었다. 방문 당시 뮤직홀에서 리허설이 진행 중이어서 실내를 둘러보지 못해서 아쉬웠다.

현대적인 감각의 헝가리 민속박물관은 건축 자체만으로도 인상 깊었다. 그 모습은 마치 거대한 배 모양을 형상화한 듯했다. 건물 지붕을 공원으로 조성하여 건축물과 자연이 조화를 이루게 한 아이디어가 돋보인다.

겔레르트 언덕과 야경

해가 저물 무렵, 야경을 보기 위해 겔레르트 언덕으로 향했다. 이곳 언덕은 해발 235m의 작은 바위산으로, 도나우 강과 부다페스트를 한눈에 조망할 수 있는 최고의 전망 포인트다. 주차하고 언덕을 한참 올라갔는데 공사 중이라서 전망대에 갈 수 없다고 한다. 아쉬움을 뒤로하고 돌아

서는데 현지인이 근처 다른 장소에서도 멋진 야경을 볼 수 있다고 알려주었다. 이미 꽤 어두워져서 찾아가는 게 쉽지 않았지만 현지인의 친절 덕분에 매우 훌륭한 야경을 감상할 수 있었다.

어부의 요새 야경

밤 9시, 다시 어부의 요새를 찾았다. 많은 사람들이 있을 거라고 예상했는데, 사람이 적어서 무척 고요했다. 한국 단체 관광객들의 말소리만 간간이 들린다. 그래도 야경을 찍으려는 관광객의 조용한 열기가 느껴졌다. 조명이 들어온 성벽과 첨탑, 그리고 도나우 강 위에 떠 있는 다리들은 낮과는 전혀 다른 얼굴을 하고 있었다. 이번 부다페스트의 야경은 우리에게 잊지 못할 추억을 선사했다.

도나우 강에 떠 있는 세체니 다리가 조명을 받아 아름답게 빛난다. 세체니는 부다페스트에서 가장 유명하고 아름다운 다리인데 시간 부족으로 방문을 못 해서 아쉽다.

5/15
수요일

동유럽 3일차, 부다페스트 3일차

걷고, 보고, 느끼며

헤렌드 도자기를 찾아서

  오전 10시, 유럽 3대 명품 도자기 중 하나인 헝가리 헤렌드를 보기 위해 '홀로하자'라는 소규모 도자기 숍을 찾았다. 구도심에서 조금 떨어진 위치였지만 젊은 감각을 갖춘, 잘 정돈된 상점 거리에 있었다. 다만 매장 규모는 예상보다 작았고, 헤렌드 특유의 섬세한 디자인을 갖춘 제품을 직접 확인하기는 어려웠다.

  원하던 것을 발견하지 못한 아쉬움은 있었지만, 인근 거리를 산책하며 고즈넉한 분위기를 느낄 수 있었다. 도보 거리 양편으로 이어진 상점과 카페, 레스토랑들이 활기를 더했으며, 거리 끝 스타벅스 앞 입간판은 의외의 재미를 주었다. 글로벌 브랜드도 이 도시에서는 거리 한복판에서 조용히 자신을 드러내야 하나 보다.

머르기트 섬
– 강 한가운데 머문 고요한 세계

11시, 도나우 강 한가운데 있는 머르기트 섬(Margaret Island)으로 이동했다. 이 섬은 시민공원과 스포츠 시설, 중세 유적이 어우러진 부다페스트 시민들의 쉼터다. 이름은 13세기 헝가리 공주였던 머르기트(Margit) 이름에서 유래하며, 그녀는 왕족의 삶을 내려놓고 섬 안에서 봉사의 삶을 살았다고 전해진다.

산책길을 걷다 보니 큰 나무 아래에서 아이들이 나뭇가지에 올라앉아 놀고 있는 모습이 보였다. 자연과 일상이 조화롭게 섞인 풍경이다.
숲속에는 중세 시대에 세워진 교회 건물이 남아 있어 역사의 깊이를 간직한 공간이었다.

섬을 떠나 페스트 지역의 비치 거리로 가는 도나우 강 강변도로를 따라 차량을 운전하며 어부의 요새와 부다 언덕의 성당들을 강 건너편에서 바라봤다. 전망대에서 보는 것과는 또 다른 모습이다. 차를 세우고 이 멋진 광경을 카메라에 부지런히 담았다. 어제 어부의 요새에서 가졌던 호기심이 해소되는 기분이다.

바치 거리와 중앙시장

유료 주차장에 차를 두고 도보로 탐방을 시작했다. 바치 거리는 고급 명품 매장이 늘어선 곳으로 알려져 있었지만, 실제로는 규모가 작고 브랜드 다양성도 기대에 미치지 않았다. 관광 시즌 전이라서 거리도 한산했다.

거리가 끝나는 지점에 전날 찾지 못했던 부다페스트 중앙시장(Central Market Hall)이 나타났다. 외관부터 인상적이었고, 내부는 기능적으로 구분돼 있었다. 1층은 식재료와 현지 식품, 2층은 기념품과 의류 코너. 시장 분위기를 느끼기에 좋았다. 이곳에서 체리, 만다린 오렌지, 오이, 빵을 구입했다.

시장 맞은편 공원에서 스타벅스에서 산 아이스 카페라테와 함께 간단한 점심을 해결했다. 바람이 부는 공원 벤치에서 먹는 시장 빵은 그 어떤 레스토랑보다도 소박한 만족을 안겨 주었다.

리스트 박물관
– 헝가리 음악의 정수

오후 4시, 리스트 페렌츠 박물관(Liszt Ferenc Memorial Museum)에 도착했다. 리스트는 19세기 헝가리를 대표하는 피아니스트이자 작곡가로, 세계 음악사에서도 손꼽히는 인물이다.

박물관은 그가 생전에 머물던 집을 개조해 만든 공간으로, 악기, 악보, 서재 등 삶의 흔적들이 보존돼 있었다. 리스트가 70세까지도 왕성하게 활동했다는 설명을 들으며, 예술가의 열정이 공간에 그대로 녹아 있는 듯했다.

근대사 박물관
– 기억을 마주하는 시간

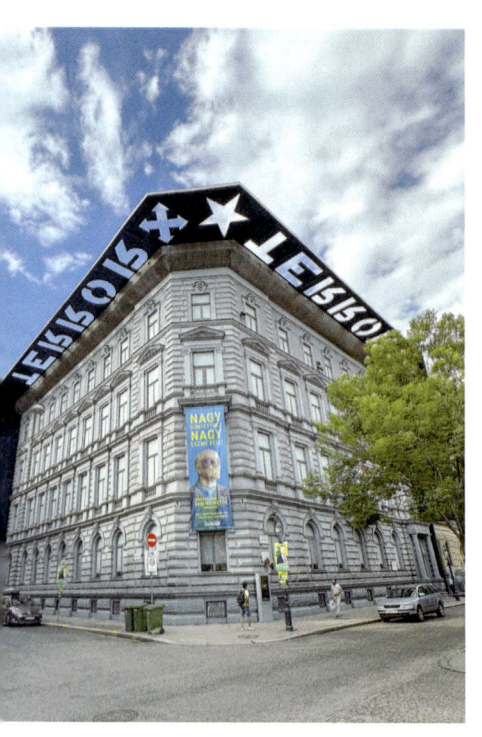

4시 40분, 헝가리 근대사박물관(House of Terror)을 방문했다. 외관부터 현대적이고 날카로운 디자인이 눈에 띄었고, 내부 전시는 군더더기 없는 구성과 깊은 울림이 있었다.

공산주의 치하에서 벌어진 탄압, 감시, 고문, 억압의 살아 있는 역사 현장이다.

자유를 위해 맨손으로 저항하던 시민들을 무자비하게 진압했던 탱크가 희생자 사진 명단과 함께 전시되어 있다. 보는 이들에게 슬픔과 희망을 함께 느끼게 해 준다.

공산국가 시절에 주민들을 감시했던 감청 시설과 억울하게 끌려온 시민들을 고문하던 시설이 전시되어 있었다. 헝가리의 참혹했던 과거의 모습을 보면서 새삼 자유의 소중함을 깨닫게 된다.

오늘 하루는 도자기와 과일, 강에 떠 있는 섬, 음악과 박물관. 억압과 자유 등 다양하게 느낄 수 있는 날이었다. 아름다움과 아픔 그리고 도시의 모습을 조금씩 이해하게 되면서 부다페스트는 점점 더 우리에게 친근하게 다가왔다.

헝가리 교통.
주차에 대한 느낌

 헝가리의 신호등 체계는 한국과 다르다는 것을 알게 되었다. 한국은 초록-노랑-빨강 순으로 바뀌지만, 헝가리는 빨강-노랑-초록 순으로 변한다. 오래된 도시의 혼잡함과 주차 문제를 해결하기 위해 일방통행 도로가 많고, 도로에 주차 공간을 마련하고 있다. 그러나 대부분의 공간은 주민들의 차가 주차되어 있어 여행자에게는 도움이 되지 않았다.

머르기트 섬에 있는 중세 교회

5/16
목요일

동유럽 4일차, 빈 1일차

황금빛 궁전에서 빈과 처음 마주하다

부다페스트를 떠나 오스트리아 빈으로 향했다. 예상 주행 시간은 약 3시간. 고속도로 속도는 최고가 시속 130km이다. 고속도로변에 심겨 있는 어린 부시들은 만져 보고 싶을 만큼 매우 부드러워 보였다. 연초록의 싱그러움이 마음을 상쾌하게 해 주어 가는 길이 지루하지 않았다.

　오스트리아로 가기 전에 헝가리의 고속도로 휴게소에서 오스트리아 고속도로 패스를 4,780포인트에 구매했다. 유효 기간은 6월 4일까지여서 다행히 6월 5일 부다페스트에서 귀국할 때까지 사용할 수 있었다.

쇤브룬 궁전
― 합스부르크의 자취

　오후 2시 30분, 빈에 도착하자마자 가장 먼저 향한 곳은 쇤브룬 궁전(Schönbrunn Palace)이었다. 합스부르크 왕가의 여름 궁전이자 오스트리아 왕실 문화의 정수가 담긴 장소다. 이 궁전은 유네스코 세계문화유산으로서 '쉰부른'은 독일어로 '아름다운 샘'을 뜻하며, 궁전에는 여러 개의 아름다운 분수가 있다. 프랑스의 베르사유 궁전과 종종 비교되며, 그 규모와 아름다움으로 많은 관광객들에게 사랑받고 있다.

궁전은 17세기 말 사냥용 별궁으로 시작해, 마리아 테레지아 여제 시대에 확장되었다. 1,441개의 방 중 45개만 일반에 공개되며, 내부는 로코코 양식, 외관은 바로크 양식으로 구성되어 있다. 궁전의 정원은 유럽식 정원의 전형을 보여 주며, 넵튠 분수와 글로리에테 건물 등 다양한 볼거리를 제공한다.

정문을 들어서면 양옆에 우뚝 솟은 오벨리스크 양식의 기념탑이 인상적이다.

정면에 바로 보이는 쉰브룬 궁전의 우아한 자태

궁전 투어

2시 30분 시작 투어(1인당 27유로)에 시간 맞춰 도착한 덕에 긴 대기 없이 입장할 수 있었다. 내부 투어는 음성 안내기를 통해 자율적으로 진행되었고, 주요 방들은 왕가의 일상과 역사적 흔적을 잘 보여 주고 있었다.

2번 방은 황제를 접견하기 전 손님이나 귀족들이 대기하던 장소다. 당구대가 있어 손님들이 기다리며 당구를 즐겼을 것으로 추측된다.

3번 방은 프란츠 요세프 황제의 접견실로 사용된 호도나무 방으로, 황금빛 실내 장식이 돋보인다.

5번 방은 황제의 침실이다. 황제의 침대는 작고 소박하다. 이곳에는 황제가 영면한 초상화가 전시되어 있다. 황제의 사후 모습을 보면서 권력의 무상함이 느껴진다.

10번 방은 왕비 시씨의 접견실로, 꽃무늬 장식이 매우 화려하다.

16번 방은 거울의 방이다. 모차르트가 6살 때 여기서 마리아 테레지아 왕비 앞에서 피아노를 연주해 대성공을 거두며 음악계에 데뷔했다.

21번 방은 폭 40미터, 길이 100미터의 큰 갤러리 무도회장이다. 이 방은 베르사유 궁전의 거울의 방과 유사한데 규모가 약간 작다.

테레지아 여제가 긴밀한 미팅에 사용했다는 중국풍 방도 흥미롭다.

정원과 글로리에테
– 유럽식 조경의 정수

궁전 관람 후, 입구 근처에서 출발하는 노란 파노라마 꼬마 기차(1인당 15유로)를 탑승해 정원을 둘러보았다. 그러나 정원 내부로 깊게 들어가지 않는 점, 이동 경로 대비 티켓 가격 등을 고려할 때 가성비 면에서는 아쉬움이 남았다.

도착한 글로리에테(Gloriette)는 언덕 위에 세워진 기념 건축물로, 전쟁 희생자를 기리기 위한 의미를 담고 있다. 대칭과 비례미가 뛰어난 구조물이며, 연못에 비친 반영이 한 폭의 그림처럼 아름다웠다. 쇤부른 정원의 상징적 건물이다.

글로리에테 내부 카페에서 간단한 늦은 점심으로 팬케이크, 파니니, 커피를 주문(45유로)해 먹었다. 팬케이크는 먹기 편하게 나눠 나왔고, 곁들여진 잼이 특히 맛있었다. 카푸치노는 우유가 풍부한 유럽식. 한국 커피 맛이 그리운 순간이기도 했다.

언덕 위에서 내려다본 쇤브룬 궁전은 마리아 테레지아가 좋아했다는 황금빛 외관이 정원과 잘 어우러져 있다. 웅장함보다는 단정함이 강조되는 형태로, 거대한 규모에 비해 절제된 아름다움이 인상적이었다.

쇤부른 궁전의 정원은 바로크 양식으로 설계된 아름다운 정원이다. 다양한 조각상과 분수대가 있으며, 1779년에 일반인에게 개방되었다. 입장료는 없으며, 여러 공원 출입구가 근처 동네와 연결되어 있어 평소에 주민들이 쉽게 이용하는 공원이다.

정원 중심에 위치한 넵튠 분수에는 넵튠(로마 신화에서 바다의 신으로, 그리스 신화의 포세이돈과 동일)과 그의 수하들을 묘사한 조각상이 화려하게 장식되어 있다.

숙소와 주차

오후 6시 반, 빈의 숙소로 이동. 외관은 현대식 고급 아파트 단지로 보였다. 그러나 도착 직후 주차 문제가 발목을 잡았다. 주차장 출입구를 찾지 못해 전화로 집주인에게 문의했으나, 그는 100km 떨어진 곳에 있다며 직접 도움을 줄 수 없다고 했다. 셀프 체크인 시스템임을 알았을 텐데 불평한다고 도리어 짜증 섞인 반응을 보여서 당황스러웠다. 결국 예약 앱을 다시 살펴보며 셀프 체크인을 완료했고, 차는 임시로 길거리에 주차해 두었다.

근처 지하철역 인근에 있는 환승 주차장에 차를 옮기기로 했다. 하루 요금은 4.1유로. 문제는 0.1유로 동전이 필요한 것. 카드 결제는 되지 않고 정확한 잔돈이 필요했기에, 지나가는 사람들에게 몇 번이나 부탁해 겨우 동전을 구할 수 있었다. 헝가리 부다에서도 겪었던 것처럼, 동전 부족은 여행 중 빈번히 마주치는 불편 중 하나였다.

숙소는 깔끔하고 상당히 넓어서 만족스러웠고, 주차 문제로 혼란했던 상황이 말끔히 사라지는 기분이었다.

5/17
금요일

동유럽 5일차, 빈 2일차

비와 함께 걷는 황실의 도시, 빈

아침은 전날과 비슷한 메뉴였지만, 식기에 따라 느낌이 달라진다. 유럽의 숙소마다 제공하는 식기는 일관된 디자인이 아닌 경우가 많다. 그릇 하나, 접시 하나도 공간의 분위기를 바꿔 준다.

숙소는 U1 지하철 종점역 Oberlaa에서 도보 5분 거리. 중심지는 아니지만 접근성이 뛰어났다. 주차 문제가 아니었다면 만족도는 훨씬 높았을 것이다.

아침 기온은 13도, 약한 비가 흩날리는 흐린 날씨. 평소 같으면 산책하기 망설여질 날씨였지만, 오늘은 빈이라는 도시를 더 깊이 들여다보기 좋은 기회여서 망설임 없이 일찍 서둘렀다. 가져온 옷 중 가장 따뜻한 겉옷으로 무장하고 길을 나섰다.

오늘 오전에는 벨베데레 궁전을 방문할 예정이다. One Day Ticket을 16유로에 구매하고 전철역 2층으로 올라갔다. 전철 안은 붐비지 않았고 쾌적하다. 서울 지하철처럼 관리가 잘 되는 듯하다.

벨베데레 궁전을 가려면 Südtiroler Platz-Hbf S+U 정류장에서 1번 트램으로 환승하면 된다. 구글맵을 보면서 한참을 기다렸지만 오지 않는다. 구글맵에는 이미 이곳에서 출발한 것으로 표시되어 있어 이해할 수 없는 상황이었다. 혹시해서 둘러보니 지하로 연결된 엘리베이터가 있었다. 일단 내려가 봤더니 그곳이 1번 트램 정류장이다. 그곳에서 1번 트램을 만나니 어찌나 반가운지!

벨베데레 상궁– 그림 속의 황금빛 잔상

벨베데레 궁전은 오스트리아 바로크 건축의 거장 힐데브란트가 지었다. 상궁과 하궁 사이에는 프랑스식 정원과 분수가 있으며, 현재 상궁은 19-20세기 회화관으로, 하궁은 바로크 미술관으로 운영되고 있다. 우리는 구스타프 클림트와 에곤 실레의 작품을 만나기 위해서 상궁만을 방문했다.

클림트 작품들

유디트와 홀로페르네스의 머리

아담과 키스

키스   카머 성 공원의 가로수길

구스타프 클림트(Gustav Klimt)는 오스트리아의 상징주의 화가이자 빈 분리파 운동의 주요 회원이다. 그는 회화, 벽화, 스케치 등 다양한 작품을 남겼으며, 주로 여성의 신체를 주제로 했다. 그의 작품은 노골적인 에로티시즘으로 유명하며, 금박과 강렬한 색채를 사용한 장식적인 표현이 특징이다. 클림트의 풍경화에는 하늘이 없는 작품이 많았다.

에곤 실레의 작품들

죽음과 소녀

에곤 실레(Egon Schiele)는 1890년 오스트리아에서 태어나 1918년에 사망한 표현주의 화가다. 빈 미술 아카데미를 중퇴하고 새로운 예술가 그룹을 결성했다. 클림트의 영향을 받아 성과 죽음을 주제

로 한 강렬한 색채와 과감한 선의 작품들로 유명하다.

〈The Family〉는 실레의 말기 대표작 중 하나로, 자신과 아내 에디트 그리고 아직 태어나지 않은 아기를 모델로 삼은 가족 초상화다. 이 작품을 완성한 해에 스페인 독감으로 사망한 안타까운 사연이 있다.

The Family

체스키 크룸로프의 오래된 집들

프랑스 화가 자크 루이 다비드(Jacques-Louis David)가 그린 〈알프스를 넘는 나폴레옹(Napoleon Crossing the Alps)〉 작품을 발견했다. 다비드는 나폴레옹의 요청으로 다섯 점의 버전을 제작했는데, 그중 하나가 이곳에 소장되어 있다.

슈테판 대성당과 명품 거리
– 도시의 심장부

　지하철을 타고 Stephansplatz역에 도착하자, 빈의 상징 슈테판 대성당이 눈앞에 펼쳐졌다. 고딕 양식의 장엄하면서 어두운 외관은 오늘의 날씨와 어울려 더욱 무게감이 느껴졌다.

　곧이어 호프부르크 왕궁까지 이어지는 거리로 향했다. 계속 비가 내리는 가운데 사람들의 발길은 끊이지 않았다. 구왕궁과 신왕궁, Sisi 박물관, 그리고 명품 매장이 늘어선 거리. 여기에도 삼위일체 석주가 매우 우아한 자태를 뽐내고 있다. 동유럽 여행 중에 많은 도시에서 삼위일체 석주들을 만났는데 형태는 달라도 하나같이 바로크 양식의 우아함과 아름다움을 지녔다.

늦은 점심을 거리의 작은 식당에서 먹었다. 감자튀김으로 시작해 파에야와 로브스터 요리로 이어진 식사는 포만감과 여행자의 허기를 모두 채워 주었다. 음식이 꼭 전통이거나 정갈할 필요는 없다. 피곤한 날의 좋은 한 끼면 충분하다.

티켓 예매
– 소년합창단과 승마학교

빈 소년합창단의 미사 공연 티켓 예매처를 찾는 게 쉽지 않았다. 호프부르크 왕궁 예배당 1층에서 티켓을 판매하는데, 좋은 좌석은 마감되어서 3층 발코니 뒤쪽 자리를 예매했다. 판매자는 오히려 그곳이 합창단을 보기 좋은 자리라고 추천해 주었다. 가장 저렴한 티켓으로 1인당 20유로를 지급했다.

왕실 승마학교 공연도 예매했다. 1인당 35유로. 나중에 알았지만 좌석이 아닌 입석 티켓이었다. 공연을 제대로 즐기기 위해선 공식 사이트에서 사전 좌석 예매가 필수라는 걸 배웠다.

호프부르크(Hofburg) 궁전

호프부르크(Hofburg) 궁전은 합스부르크 왕가의 중심지였던 곳이다. 이곳은 13세기부터 20세기 초까지 오스트리아 황제들의 거주지로 사용되

구왕궁과 광장

었으며, 현재는 오스트리아 대통령의 공식 집무실과 여러 박물관, 문화 시설로 활용되고 있다.

시씨(Sisi) 박물관 투어

시씨 박물관(Sisi Museum)은 호프부르크 궁전(Hofburg Palace) 내에 위치한 특별한 박물관이다. 이곳은 오스트리아 황후 엘리자베트(Elizabeth), 흔히 '시씨(Sisi)'로 알려진 그녀의 삶과 이야기를 중심으로 전시를 구성하고 있다.

오후 4시, 박물관에서는 시씨 황후가 사용했던 개인 물품, 그녀의 드레스, 장신구 그리고 그녀의 삶을 기록한 다양한 자료들을 볼 수 있었다. 그녀의 비극적인 삶과 자유를 갈망했던 모습이 전시를 통해 생생히 전달되었다.

Sisi의 대형 초상화가 눈길을 끈다. 시어머니와의 불편한 관계 때문에 불후한 황녀였던 그녀는 슬픔과 고독을 잊기 위해 유럽 곳곳을 여행했다고 한다. 그녀가 이용한 기차 내부가 전시되어 있는데, 응접실, 화장실, 파우더룸 등이 실물처럼 꾸며져 있다.

그녀는 외아들인 황태자가 연인과 자살한 후부터는 검은색 옷만 착용했다고 한다. 합스부르크 왕가에서는 근친 결혼을 많이 했기 때문에 정신질환자가 자주 등장한다. 아들의 자살도 이런 유전자 문제 때문으로 생각된다. 시씨도 이모의 아들인 프란츠 요제프 황제와 결혼했다. 넷플릭스 시리즈의 〈The Empress〉에서 이들의 얘기를 다루고 있는데, 픽션이 가미되어서 실제보다 훨씬 드라마틱하게 느껴진다.

시씨의 일대기를 그린 옛날 영화의 포스터도 함께 전시되어 있다.

Prunksaal State Hall(도서관) 방문

　오후 5시, 호프부르크 왕궁에 있는 오스트리아 국립도서관(1인당 10유로 입장료)을 찾았다. '세계에서 가장 아름다운 도서관'이라는 수식어답게, 웅장한 아치형 천장과 목재 책장이 인상적이었다. 이곳에는 문학, 파피루스, 지구본 등 다양한 도서가 20만 권 이상 보관되어 있으며, 오스트리아 역사를 간직한 박물관이다.

5/18
토요일

동유럽 6일차, 빈 3일차

예술과 일상의 경계에서

빈에서 맞는 두 번째 아침. 흐릿한 하늘이 여전히 도시를 감싸고 있지만, 주말의 활기가 도시 곳곳에서 느껴지기 시작했다. 계획은 많았지만 무리하지 않고 걷는 대로, 머무는 대로 시간을 보내기로 했다.

호프부르크 신궁
– 제국의 건축, 일상의 풍경

  먼저 찾은 곳은 호프부르크 신궁(Hofburg Neue Burg)이다. 이곳은 호프부르크 궁전의 일부며, 합스부르크 왕가의 화려한 역사를 보여 주는 대표적인 건축물이다. 19세기 말에서 20세기 초에 걸쳐 신고전주의 건축 양식으로 건축되었다. 웅장한 외관에 깊은 인상을 받았다.

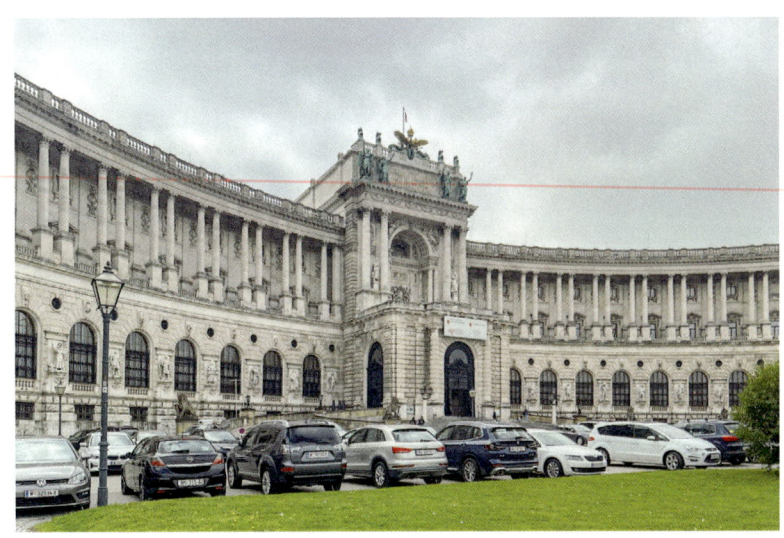

건물 옆에 졸업식을 준비하는 사람들로 북적였다. 학사모와 가운을 갖춰 입은 젊은이들의 모습이 이 유서 깊은 공간에 특별한 생기를 더했다.

신궁 앞 광장에는 앤티크 카(City Tour 차량)들이 귀엽고 클래식한 디자인으로 지나가는 관광객들의 시선을 끌었다. 어제는 보지 못했는데, 오늘이 토요일이라서 손님 맞으러 나온 것으로 보였다.

스페인 승마학교 공연 관람

오전 11시, 스페인 승마학교 공연장에 갔다. 이 승마학교는 합스부르크 왕조 시기, 스페인에서 말을 들여와 구왕궁 내에서 실시한 승마 교육에서 유래했다. 리피차너(Lipizzaner) 종마들의 고전 승마 예술을 보여 주는 우아한 공연으로 알려져 있다.

기수와 말의 완벽한 호흡을 통

해 펼치는 공연은 처음 본 우리에겐 신기하였다. 특히 기수 없이 말 단독으로 펼치는 공연은 무척 인상적이었다. 하지만 1시간 넘게 좁은 공간에서 입석으로 관람하다 보니 다소 지루하게 느껴졌다.

신왕궁 정원과 모차르트
– 빈의 일상 풍경

공연을 마치고 신궁 뒤편의 정원으로 걸음을 옮겼다. 도심에 자리했지만 조용했고, 많은 시민들이 잔디 위에 앉아 책을 읽거나 피크닉을 즐기고 있었다.

정원 입구 근처에 모차르트의 동상이 있다. 그의 이름이 이 도시의 거리, 초콜릿 그리고 사람들의 자부심과 사랑 속에 여전히 살아 있었다.

1번 트램을 이용해 빈 시내를 순환해 보기로 했다. 처음 만난 건물은 국회의사당 건물이다. 아테네 파르테논 신전처럼 기둥이 늘어서 있는 신고전주의 양식이고, 의사당 앞 광장에는 파르테노스 아테나 분수가 있다.

시청 건물을 지나면 그다지 볼 만한 건축물은 눈에 띄지 않았다. 트램에서 내려 오스트리아 최고의 건축가 오토 바그너의 작품 중 하나인 중앙우체국 건물을 찾아갔다.

정면에 보이는 건물이
중앙우체국

    빈에서는 자전거 도로가 잘 갖추어져 있지만, 자전거의 속도가 빠르기 때문에 무심코 지나가다 충돌할 우려가 있다. 이곳에서 지나가는 자전거와 거의 부딪칠 뻔했다.

MAK 아트디자인박물관
– 우연의 공간, 깊은 만족

    점심 무렵, 시민공원 근처에서 우연히 발견한 박물관 MAK에 들어갔다. 원래는 많이 피곤해서 휴식을 갖기 위한 선택이었지만, 막상 들어가니 다양한 전시물에 발이 저절로 멈췄다. 우연히 찾았지만 매우 만족스러운 경험이었다. 입장료로 시니어 할인을 받아 1인당 13.5유로를 지급했다.

홀에 있는 대형 소파 위에 사람들이 자유롭게 앉아 쉬고 있는 장면도, 빈다운 문화적 여유를 보여 주는 장면 같았다.

관람 동선 중에는 클림트의 대형 작품도 포함돼 있었다. 미술관이 아닌 공간에서 보는 그의 작품은 또 다른 인상을 남겼다.

시민공원
– 도시의 쉼, 일상의 리듬

공원 입구의 푸드트럭에서 간단히 점심을 해결했다. 프렌치프라이와 샌드위치, 콜라 한 캔. 여행지에서 종종 점심을 거르게 되는데, 이런 간편한 식사가 오히려 허기를 채워 주기에 충분하였다.

시민공원 앞 사거리에 위치한 꽃집은 다양한 화려하고 풍성한 꽃들로 가득하다. 이곳이 예쁜 꽃집으로 자리 잡은 이유는 무엇일까?

공원 안에는 요한 슈트라우스와 슈베르트의 동상이 있고, 주말의 공원은 시민들의 여유와 휴식으로 가득했다.

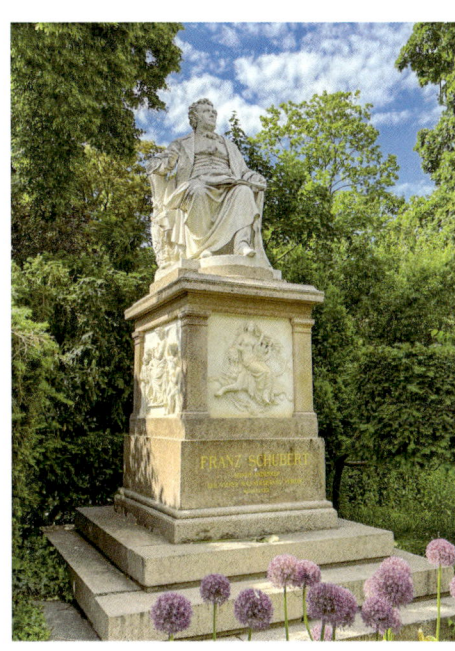

요한 스트라우스 동상   슈베르트 동상

미술사 박물관
– 왕가의 수집품이 된 인류의 유산

　오후 4시, 미술사 박물관(Kunsthistorisches Museum)을 방문했다. 박물관 앞에는 넓은 마리아 테레지아 광장과 광장 건너편에 자연사 박물관이 위치하고 있다. 광장 중앙에 있는 테레지아 황후의 동상이 시민들을 애정 어린 눈으로 바라보고 있는 듯하다. 마주 보고 있는 두 건물은 외관이 비슷하다. 모두 대단히 웅장해서 보는 사람을 압도하게 만든다. 건물 모습이 과거 광화문에 있었던 중앙청과 비슷하다는 느낌을 받았다.

1891년 개관한 빈 미술사 박물관은 유럽 3대 미술관 중 하나로, 합스부르크 왕가의 방대한 예술품 컬렉션을 자랑한다. 이 박물관은 회화 컬렉션, 고대 유물, 화폐 및 메달 컬렉션을 감상할 수 있다. 박물관 내부의 대계단과 천장은 예술 작품 자체로, 감탄을 금치 못하게 한다.

미술사 박물관에 전시된 주요 회화 작품들

이곳의 피터르 브뤼헐(Pieter Bruegel) 컬렉션은 세계 최고 수준이다. 피터르 브뤼헐은 네덜란드 르네상스 시대에 활동(16세기 중반)한 뛰어난 화가로, 농민들의 생활, 풍경 그리고 우화적 장면을 생생하게 묘사한 작품들로 잘 알려져 있다. 그의 유명한 작품은 〈바벨탑(The Tower of Babei)〉과 〈눈속의 사냥꾼들(The Hunters in the Snow)〉이다. 그의 작품들은 세세한 디테일, 역동적인 구성 그리고 유머와 비판이 독특하게 결합된 점이 특징이다.

눈속의 사냥꾼들

카라바조의 다윗과 골리앗 그림이 매우 사실적으로 그려져 있어 놀랐다. 다윗이 들고 있는 골리앗의 머리는 카라바조 자신의 자화상이다. 또한 라파엘로의 초원의 성모자상도 매우 유명한 작품인데 미술관 규모가 방대해서 찾아가는 길이 만만치 않았다.

지하철 U1에서 겪은 해프닝

지하철 U1의 종점이 숙소가 있는 Oberlaa역이라고 생각했는데, 아니었다. 종점 한 정거장 전에서 우리를 제외한 모든 사람이 내려서 조금 불안했는데, 그만 전철 안에 갇히고 말았다. 어찌할 바를 몰라서 당황하고 있는데 지나가던 전철 기사가 "운전사 교대한 후 출발하니까 조금 기다렸다가 다음 역에서 갈아타세요."라고 알려 주었다. 운행 시간에 따라 종점이 바뀌는 걸 몰랐다.

중앙공원묘지
– 음악가들이 잠든 도시의 끝자락

저녁 6시 30분, 중앙공원묘지(Zentralfriedhof)에 도착했다. 이곳은 빈 외곽에 있어 교통이 불편해 자동차가 없으면 방문하기가 쉽지 않다. 이 공원묘지는 세계에서 가장 큰 묘지의 하나로, 시민들에게 휴식처로, 관광객들에게는 독특한 명소로 사랑받고 있다.

특히, 이곳에는 베토벤, 슈베르트, 브람스와 같은 유명 음악가들의 묘지가 있어 음악 애호가들에게 특별한 의미를 지닌다. 유명한 음악가들이 한자리에 잠들어 있는 것이 무척 신기했다. 역시 오스트리아가 음악의 나라인 것이 틀림없다.

왼쪽에서부터 베토벤, 모차르트, 슈베르트 무덤이 자리 잡고 있다. 그런데 오스트리아 태생인 모차르트(가묘)를 가운데 배치하고 독일 출신인 베토벤을 왼쪽에 작은 규모로 조성해 놓은 것이 이채롭다.

다음은 베토벤과 요한 슈트라우스 묘다.

5/19
일요일

동유럽 7일차, 빈 4일차, 체코 1일차

모라비아에서 여행의 시간을 늦추다

오늘 아침은 어제와 달리 햇살이 눈부시다. 기온은 비슷하지만 체감 온도가 다르다. 새삼 태양의 고마움을 느끼며 따뜻한 하루를 시작한다.

빈 소년합창단의 찬양

9시 15분에 시작하는 미사에 참여하기 위해 서둘러 갔다. 이미 많은 사람들이 들뜬 마음으로 입장을 기다리고 있었다. 왕실 성당은 화려하지 않고 아담했다. 우리는 3층 발코니 뒤에 앉아 TV 모니터로 미사를 보았지만, 성가대 옆에 있어 소년들의 찬양하는 모습을 가까이서 볼 수 있어서 오히려 좋았다.

1시간 반 동안 진행된 미사 중에 여러 번의 소년단의 찬양이 있었다. 물론 미사이기에 예식과 말씀이 주였다. 소년들의 변성기 전 소프라노 소리는 천상의 목소리였다. 매우 신선한 감동이었다.

미사에 집중하기 어려워 몸을 비틀기도 하고 산만한 행동을 하는 합창단 아이들을 보면서 아이들의 세계는 어디나 비슷하다는 생각이 들었다. 앞의 사진의 꼭대기 층에 소년합창단이 자리하고 있는데, 성당 바닥에서 보면 4층 높이다.

빈을 떠나 체코 모라비아(Moravia) 지방으로 향했다. 오늘부터는 느긋한 시골 풍경 속에서 여행의 속도를 조금 늦추는 여행이 시작된다. 모라비아는 체코의 동남부 지역으로, 보헤미아와 함께 체코를 구성하는 주요 지역 중 하나다. 이 지역은 다양한 역사적 사건과 문화 유산, 자연 경관을 포함하고 있다. 모라비아는 와인 생산지로 알려져 있으며, 전통적인 체코 문화를 접할 수 있는 지역이다.

발티체로 향하는 길

오전 11시, 빈에서 약 90km 떨어진 모라비아 남부의 작은 도시 발티체(Valtice)를 향해 출발했다. 이 지역은 '체코의 토스카나'라고 불리며 아름다운 풍광을 자랑하는데, 이는 아름다운 풍경, 고풍스러운 건축물, 와인 문화와 유서 깊은 역사 때문에 붙여진 이름이다. 특히 4월에는 유채꽃이 들판에 만발하면서 만들어 내는 황홀한 풍경을 사진에 담기 위해서 많은 사진작가들이 방문한다고 한다.

지평선 너머로 펼쳐진 밀밭, 포도밭, 유채꽃, 양귀비꽃 등 창밖으로 보이는 풍경만으로도 하루 일정의 절반은 벌써 채워진 듯한 기분이었다. 포도밭 입구에 놓인 신발 한 켤레가 눈에 들어왔다. 주인이 누구인지 모를 그 신발은 이곳 삶의 흔적을 고스란히 지키고 있었다.

발티체 성

정오 무렵 도착한 발티체 성은 규모는 작지만 매우 당당한 모습으로

언덕 위에 우뚝 서 있다. 성 내부 관람은 생략하고, 성 주위를 감싸는 오솔길과 정원을 따라 천천히 걸었다. 계곡을 따라 흐르는 물소리와 함께 걷는 산책은 도심의 풍경과는 또 다른 여유를 선사했다.

성안에서는 전통 의상을 입은 여성들과 아이들이 분주히 오가고 있었다. 아마도 오늘 이곳에서 결혼식이 열리는 듯했다. 관광보다도 이런 일상의 단면을 보는 것이 오히려 오래 기억에 남는다.

점심식사를 위해 성 인근 마을 중심지로 향했다. 성에서 가까운 곳이라서 아내는 도보로, 나는 주차된 차를 옮기기 위해 차량으로 이동하기로 했다. 하지만 예상치 못한 도로 공사 때문에 우회가 불가피했다. 구글맵은 여전히 공사 중인 도로로 안내했고, 결국 30분 가까이 헤맨 끝에 마을 외곽에 주차하고 10분을 걸어가 아내와 합류할 수 있었다.

아내가 미리 찾아 둔 식당은 Cafe & Pizza NONNA로, 풍기 피자와 야채수프, 콜라와 생수를 주문하고 350 체코 코루나(21,000원) 지급했다. 오스트리아의 비싼 물가에 익숙해졌던 터라 체코의 가격은 부담 없어 좋았다. 발티체에서 ATM으로 체코 코루나(CZK)를 찾았다. 체코는 EU 국가지만 유로를 채택할 수 있는 기준을 아직 충족하지 못한 듯하다.

주유를 마친 후 미쿨로프(Mikulov)로 향했으나, 구글맵이 레드니체(Lednice)로 안내했다. 발티체-레드니체-미쿨로프 세 도시가 삼각형 구도로 연결돼 있어 방향 감각이 흔들리기 쉬웠다. 마침 숙소가 레드니체에 있어서 도착한 김에 먼저 체크인했다.

레드니체 성과 Minaret
– 숲, 호수와 탑

　레드니체 성은 발티체 성의 성주가 지은 두 번째 성이다. 발티체 성보다 더 평지에 가깝고, 정원과 숲이 넓게 펼쳐져 있어 사냥용 별궁에 가까운 느낌이다. 이곳 궁전의 내부 관람은 건너뛰고, 정원과 숲을 따라 산책한 후, 보트 투어(1인당 180코루나)를 택했다.

　호수를 따라 펼쳐진 풍경은 보트와 함께 어우러져 한 폭의 수채화 같았다.

도착한 곳은 이슬람풍의 미나렛(Minaret) 타워다. 1797년에 세워진 이 슬람풍 건축물로, 60m 높이에 302계단이 기다리고 있었다. 아내는 힘들다고 탑 아래에서 기다리고, 나만 올라갔다. 각기 다른 높이의 테라스를 지나 꼭대기에 도달하니 숲과 호수가 한눈에 내려다보이는 장관을 연출한다. 힘들게 올라온 보람이 있다. 몸과 마음이 상쾌하다. 탑 내부의 아라베스크 문양과 팔각형 방의 디자인이 특별했다. 이 탑의 건축가가 오늘 우리가 사용하는 연필을 발명했다고 한다.

성으로 돌아오는 길에 천천히 정원을 걸으며 사진도 찍고, 호수 경치도 감상하면서 한껏 여유로운 시간을 보냈다.

정원 한편 고목 꼭대기에 매우 큰 새 둥지가 보인다. 흰 머리 새가 어딘가로 시선을 고정하고 있는 모습이 새끼에게 줄 먹잇감을 찾고 있는 듯이 보였다.

미쿨로프 성
– 황혼 속 마을 풍경

레드니체에서 미쿨로프로 가는 드라이브 길에서 마주한 포도밭과 평

야, 언덕들이 모라비아 지역이 '가장 아름다운 체코의 얼굴'이라 불리는 이유를 설명해 주었다.

저녁 6시 반, 미쿨로프 성에 도착했다. 성을 중심으로 언덕 위에 자리한 이 도시는 고즈넉하고 아담했다. 늦은 시간이었기에 내부는 관람할 수 없었지만, 성 언덕에서 내려다본 마을 전경만으로도 방문할 가치가 충분했다.

성 안쪽에 있는 정원에서 바라본 성의 자태가 웅장하면서도 우아하다.

오늘 방문한 세 도시의 성들은 각자 개성 있는 건축물을 자랑했다.

일요일 저녁, 작고 조용한 마을에는 이미 대부분의 식당이 문을 닫은 상태였다. 결국 숙소로 돌아와 밥을 해 먹었다. 특별할 것 없는 메뉴지만 시장할 때 먹은 식사가 가장 기억에 남았다.

5/20
월요일

동유럽 8일차, 체코 2일차

지평선 너머로 흐르는 풍경

여행을 시작한 지 8일째. 오늘 아침은 유난히 고요했고, 마음도 편안했다. 숙소 정원 산책으로 하루를 열며, 남은 일정의 소화와 안전을 위해 조용히 기도했다. 아침 식사는 정갈했고, 숙소는 가격 대비 만족도가 높았다.

요한성
– 영화 세트장 같은 외관

출발 전, 레드니체 성 안쪽에 위치한 요한성에 들렀다. 성은 작지만 성벽과 건물 구조가 견고하고 독특했다. 영화나 드라마의 배경으로도 손색없을 정도다. 내부 연결문은 닫혀 있었지만 외관만으로도 충분히 인상적이었다.

체코의 전원 풍경
– 언덕을 흐르는 초록빛 물결

　기온 24도, 햇살이 제법 강했다. 레드니체를 떠나 모라비아 들판을 따라 이동했다. 오늘은 샤르디체, 스트라조비체, 베테르조프, 소불키, 부코바니 같은 작은 마을들을 경유하며 드라이브를 즐기기로 했다.

　도시를 벗어난 도로는 연둣빛 들판과 짙푸른 하늘이 끝없이 펼쳐졌다. 짙푸른 하늘에 수놓은 흰 뭉게구름과 들판 사이로 끝없이 이어진 지평선이 만들어 내는 풍광은 완벽했다. 낮은 언덕이 잔잔한 물결처럼 일렁였고, 창밖으로 스치는 풍경은 계속 마음을 붙잡았다. 고개를 돌릴 때마다 체코 농촌의 풍요롭고 평화로운 삶이 조용히 스며든다.

 샤르디체 마을은 작지만 깨끗하게 정돈된 인상이다. 마을 중앙에 위치한 노란색 교회당, 버스를 기다리는 주민들 모습, 길가 소공원에 놓인 작은 도서관 같은 일상이 반갑고 정겨웠다.

　6월 초의 햇살은 매우 강했다. 낮이 되면서 기온이 올라가, 마치 여름 같은 느낌이다. 산이 없고 낮은 구릉 지대로만 이어져 있다. 체코에서 이렇게 넓은 들판을 볼 줄 몰랐다. 이 지역만 보면 체코가 농업국가로 생각되지만, 체코는 구소련 시절부터 동유럽의 공업 강국이다. 자연의 축복을 많이 받은 나라라는 생각이 든다.

　밀밭과 포도밭이 들판을 가득 메우고 있다.

여행하면서 마주하는 작은 마을의 교회 첨탑은 언제 보아도 정겹다. 무척 평화로운 마을 풍경에 내 마음도 덩달아 평온함을 느끼는 귀한 경험이었다.

부코바니
– 풍차와 파노라마

점심 무렵 도착한 부코바니는 조용하고 특별할 것 없는 시골 마을이었다. 마을에 괜찮은 식당이 없어서 구글맵을 통해 마을에서 조금 떨어진 곳에 있는 식당을 찾아갔다. 식당이 가까워지면서 언덕 위에 거대한 풍차가 보인다. 풍차가 있는 곳은 식당 겸 리조트 호텔이었다. 주변 풍경을 360도 파노라마로 한눈에 볼 수 있는 좋은 장소에 위치해 있다.

풍차는 리조트의 상징적 건축물의 하나였고, 풍차 안에는 소품을 파는 작은 가게만 있었다.

 식당은 지하에 와인 저장고도 갖추고 있었고 이 지역의 와인이 훌륭하다고 들었지만, 운전 때문에 시음을 포기해서 아쉬웠다. 식사는 간단하게 해결했고, 리조트 펜스에 걸려 있던 머그잔이 눈에 들어왔다. 리조트를 찾은 사람들이 남기고 간 것인지, 그 하나하나가 여행의 흔적으로 보였다.

가던 길을 멈추고 광활한 대지를 바라보며 이번 여행의 특별함에 감사했다.

보랏빛 들판
- 뜻밖의 선물

봄꽃 시즌이 지나서 기대하던 유채꽃 들판은 볼 수 없었다. 그런데 언덕 아래, 도로가 옆으로 휘는 지점에서 보라색 꽃이 만발한 들판이 눈에 확 들어왔다. 차를 세우고 들판으로 성큼 내려섰다. 꽃 이름은 알 수 없었지만, 관상용 양귀비꽃으로 짐작했다. 이름 모를 화려한 꽃 앞에서 카메라를 드는 마음은 언제나 같다. 짧은 순간이지만 사진은 오래 남는다.

크로메르지시
- 유네스코의 고요한 도시

오후 3시경, 오늘의 목적지 크로메르지시(Kroměříž)에 도착했다. 숙소는 광장 인근에 위치해 있었고, 주차는 별도 지정 공간 없는 광장 유료 주차장에서 해결했다. 일주일에 150코루나(약 9천 원), 합리적인 가격이었다.

짐을 풀고 마을을 둘러봤다. 이곳은 올로모우츠 대주교의 여름 별장 도시였으며, 도시 전체가 유네스코 세계문화유산으로 지정돼 있다. 광장을 둘러싼 고풍스러운 건물들과 아케이드는 마치 중세 회랑 속을 걷는 듯했다.

카페에서 오랜만에 아이스라테를 마셨지만, 동유럽 특유의 소량 얼음 문화로 시원함은 부족했다. 요청해도 늘 부족한 채로 얼음이 나오는데, 이는 유럽 사람들이 아이스를 즐겨 먹지 않는 문화에 기인한 듯하다.

크로메르지시 성 정원

오후 4시 30분, 크로메르지시 성에 도착했으나 월요일 쉬는 날이라 내부 관람은 불가능했다. 대신 성 뒤편 정원은 개방되어 있어 산책할 수 있었다.

이 성은 1497년에 건축된 뛰어난 바로크 양식의 건축물로, 17세기와 18세기 중부 유럽의 바로크 정원 디자인 발전에 중요한 역할을 했다고 한다. 아내는 아름다운 기하학적 무늬의 정원에 흠뻑 빠졌다.

큰 나무 한 그루의 가지가 땅으로 파고든 게 인상 깊었다. 왜 하늘로 뻗지 않고 땅속으로 들어갔을까?

Flower Garden
- 기하학의 아름다움

  오후 5시, 크로메르지시의 명물 Flower Garden(Květná Zahrada)에 도착했다. 6시까지 개방하는 줄 알고 갔는데 5시에 티켓 판매가 종료되었다. 입장 마감 시간이 지나 아쉽지만 돌아서려는데 출입구가 열려 있어 조심스레 들어갔다. 관리자들도 퇴근했는지 보이지 않았다.

기하학적 형태로 잘 정비된 정원과 나무 터널, 독특한 아치형 식물 구조물이 인상적이었다.

서로 가지를 맞댄 두 나무가 연결된 장면은 경이로웠고, 식물의 굳센 생명력과 자연의 균형을 느낄 수 있었다.

넓은 정원을 짧은 시간 안에 다니느라 제대로 보지 못한 것 같아 아쉽다.

숙소 인근 만찬
– 고요한 광장에서의 마무리

저녁 7시, 숙소 옆 레스토랑에서 여행 8일 만에 정식으로 외식다운 식사를 했다. 체코 전통 요리인 비프 인 크림소스와 빵 덤플링, 크랜베리(255 CZK), 그릴드 포크 텐더로인, 머스터드 소스와 구운 감자(285 CZK) 요리에 더하여 와인과 맥주를 즐겼다.

총 704 CZK(약 42,000원) 지급했는데 식당의 맛과 분위기, 가격까지 모두 만족스러웠다.

식사 후, 석양의 빛을 받아 붉게 물들어 가는 광장 주변을 산책하며 하루를 마무리하였다. 역사적 중세시대 건물의 향연이다. 광장을 병풍처럼 둘러싼 아케이드도 매우 인상적이다. 사람들이 빠져나가 텅 빈 광장의 고요한 분위기가 너무 좋았다. 자연과 인간의 조화로운 삶의 중요성을 인식할 수 있는 공간이다. 동유럽 여행 중에서 만난 도시 광장들 중에서 가장 오랫동안 기억에 남았다.

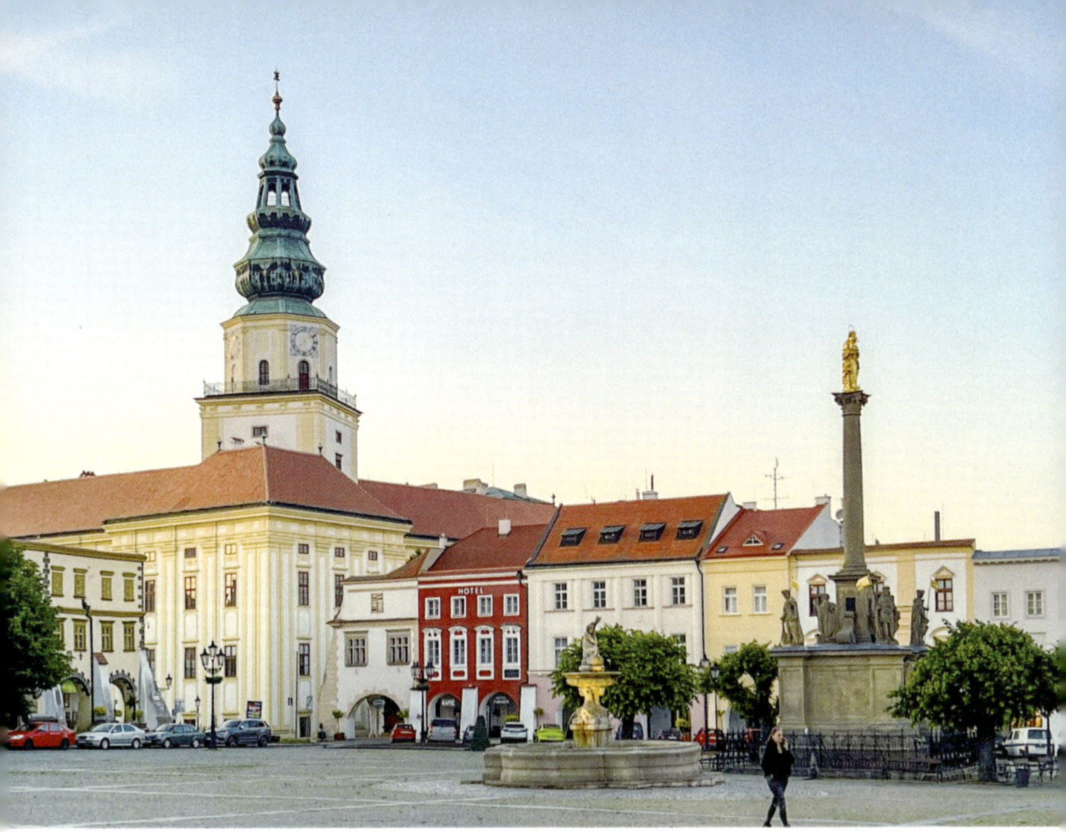
HOTEL

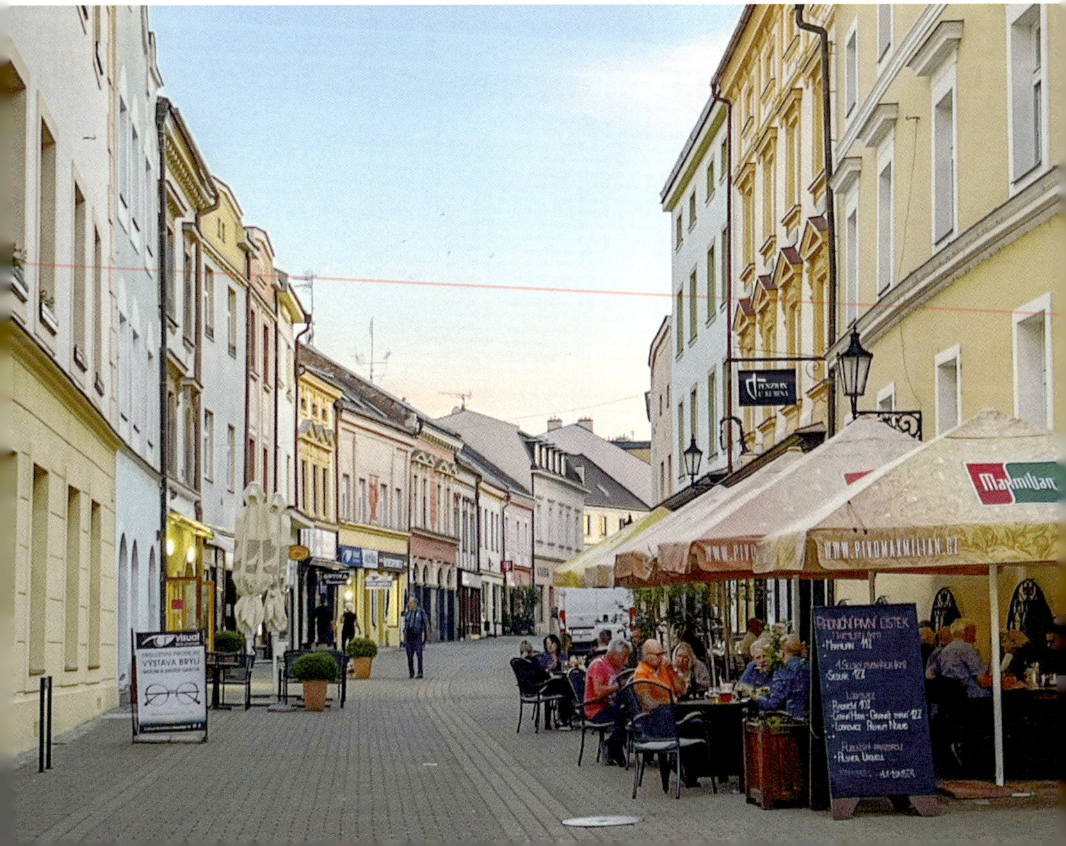
VÝSTAVA BRÝLÍ
Maxmilian
WWW.PIVOMAXMILIAN.CZ

5/21
화요일

동유럽 9일차

국경을 넘는 하루,
올로모우츠에서 바우보지츠까지

모라비아 지역에서의 마지막 아침. 숙소에서 제공된 아침 식사는 정갈했고, 사전에 원하는 메뉴를 물어봐 맞춤형으로 준비해 주는 세심함이 인상적이었다. 스크램블에그를 추가로 서비스해 주는 주인의 배려도 기분 좋게 남았다. 1박에 15만 원이 채 안 되는 가격으로, 이번 여행 중 가성비 최고의 만족스러운 숙소였다.

올로모우츠
– 모라비아의 중심

　오전 10시경, 오늘의 첫 목적지는 체코 동부의 역사 도시 올로모우츠(Olomouc)다. 모라비아 왕국의 옛 수도로, 프라하나 체스키 크룸로프처

럼 널리 알려지지는 않았지만 깊이 있는 아름다움을 간직한 도시다.

도심 주차는 여전히 난관이었다. 시청 건물 뒤에 잠시 주차했지만 등록 차량만 가능하다는 안내를 받아, 결국 유료 주차 공간을 찾아야 했다. 시청 광장과 조금 떨어진 곳에 주차했는데 그곳에도 상당히 큰 광장이 있었고, 광장에는 삼위일체 석주와 고풍스러운 분수대가 자리를 지키고 있었다.

시청 건물은 깔끔하고 단정했다. 광장 한가운데 시청 건물이 있는 게 특이하다.

건물 외벽에는 천문시계가 설치돼 있었는데, 프라하보다 작은 크기지만 사회주의 시대의 인물들과 노동자를 형상화한 특유의 디자인이 눈길을 끌었다. 고전과 현대, 정치와 예술이 한데 어우러진 듯한 모습이었다.

유네스코 세계문화유산으로 지정된 성삼위일체 기념탑은 거대한 바로크 양식으로 지어진, 중부 유럽에서 가장 웅장한 바로크 조각물이다. 보수 공사 중이라 직접 볼 수 없었지만 그 대신 멋진 분수대를 발견했다. 범상치 않은 조각상들이 잘 어우러져 있는 독특한 분수대다.

국경을 넘다
– 소나기 속의 이동

오전 11시, 폴란드 바우브지흐(Wałbrzych)로 출발했다. 구글맵 기준 약 180km, 3시간 거리다. 고속도로에 진입하기 전 고속도로 통행권을 구매하려 했지만 판매처를 찾지 못해 불안했는데, 다행히 도로 이용 구간이 짧아 문제는 없었다.

이동 중 갑작스레 쏟아진 소나기는 거의 폭우에 가까웠다. 앞이 보이지 않을 정도의 비 때문에 30분 이상 도로 한편에 멈춰 있어야 했다. 유럽의 비는 짧고 굵게 오는 경우가 많은데, 이번엔 운전까지 중단할 정도로 쏟아졌다.

바우브지흐 숙소
- 구 동구권의 잔상

오후 2시 30분, 긴장 속에 도착한 폴란드 도시는 전혀 다른 분위기를 품고 있었다. 숙소는 낡고 오래된 아파트 단지에 있으나, 실내는 리모델링이 잘 되어 있어서 만족스러웠다. 이곳은 구동구권 시절에 지어진 집단 거주지로 보였다. 창밖에 보이는 붉은 지붕의 아파트 건물들이 고풍스럽고 정겹다.

시청 광장과 구시가지

　오후 3시 45분, 도시 중심에 있는 시청 광장(Market Square)으로 이동했다. 이곳 역시 주차는 쉽지 않았다. 특히 거주자 우선 주차제가 엄격하게 운영되고 있어 방문객은 주차 공간을 찾는 데 어려움을 겪을 수밖에 없다.

　광장에는 폴란드어로 '시청'을 뜻하는 Ratusz 건물이 중심을 잡고 있다. 뾰족한 첨탑이 많은 게 복잡해 보이지만 전체적으로 균형 잡힌 디자인으로, 도시의 랜드마크 역할을 하고 있다. 주변에는 바로크와 근대 양

식이 조화를 이루는 건물들이 광장을 감싸고 있고, 공원과 자연스럽게 어우러져 도심 속 안식처 같은 느낌을 주었다.

시내 곳곳에는 독특한 양식의 붉은 벽돌 건물이 눈에 많이 띄었는데, 도시의 대표적 건축 양식처럼 보였다. 어느 방향을 걷든지 자주 눈에 들어오는 높은 탑은 'Guardian Angels Saints Church'의 첨탑으로, 고딕과 바로크 양식이 조화를 이루고 있는 멋진 건축물이다.

조금 더 걸어가자, Czettritz Palace(체트리츠 궁전)가 나타났다. 체코 국경에서 가까운 도시임에도 이곳의 건축과 분위기는 체코와는 뚜렷이 달랐다. 더 견고하고, 더 단순한 느낌이다.

폴란드에서의 김밥

오후 5시 30분, 저녁은 시청 광장에 위치한 스시 레스토랑에서 해결했

다. 여행 중 처음 마주한 한식 메뉴, 김밥과 김치 그리고 연어 아보카도 타르타르는 익숙함 이상의 감동이었다. 158 PLN(약 56,000원)을 지급했는데 음식의 맛은 기대 이상이었고, 한국적인 메뉴를 낯선 공간에서 마주하는 기쁨이 컸다. 외딴 도시에서 한국 음식을 만나게 될 줄은 생각도 못 했다.

브로츠와프는 다음으로

애초 계획에는 이곳에서 80km 북동쪽에 있는 브로츠와프(Wrocław) 방문이 포함돼 있었지만, 폭우로 인해 이동 시간이 지연되면서 일정을 조정해야 했다. 브로츠와프는 LG전자 진출 이후 한국인에게도 꽤 알려진 매우 아름다운 중세 도시지만, 여정의 흐름을 고려해 다음 기회로 미루기로 했다.

5/22
수요일

동유럽 10일차, 독일 1일차

모라비안 교회의 선교 역사

오늘은 독일 작센주의 드레스덴으로 향하는 날이다. 그 여정 중간에 특별한 장소 한 곳을 들렀다. 신앙의 숨결이 살아 있는 마을, 헤른후트(Herrnhut)다.

국경을 넘다
– 유채꽃과 침엽수림 사이

오전 9시 30분, 폴란드 바우브지흐 숙소에서 출발해 독일 국경까지는 약 180km, 주행 시간은 2시간 30분 정도 소요될 예정이다. 북쪽으로 올라가면서 도로 양옆으로는 침엽수와 자작나무숲이 자주 펼쳐졌다.

도중에 들른 무인 주유소에서 언어의 장벽을 실감했다. 폴란드어로만 표시된 기계 앞에서 당황했지만, 트레일러 기사 한 분의 도움으로 무사히 주유를 마칠 수 있었다. 낯선 땅에서 받은 작은 친절이 긴 여정을 따뜻하게 해 주었다.

국경을 지나며 기온이 뚝 떨어졌다. 북쪽으로 가는 게 실감 났다. 봄이 더디게 머무는 듯 헤른후트 근교에 유채꽃밭이 아직 남아 있어 무척 반가웠다.

헤른후트
– 신앙이 살아 숨 쉬는 땅

 오후 12시 30분, 헤른후트 도착. 이곳은 1722년, 독일의 진젠도르프 백작이 박해 받는 체코의 모라비안 교도들을 자신의 영지로 받아들여 시작된 신앙 공동체다. '헤른후트'는 "주님의 보호하시는 곳"이라는 뜻을 지닌다.

모라비안 교회는 얀 후스의 종교개혁 정신을 계승해 '삶과 신앙의 일치'를 실천한 교회다. 세계 각지에 선교사를 파송했고, 100년 넘게 중단 없는 릴레이 기도를 이어 온 곳으로 유명하다.

박물관, 기억을 따라 걷다

입장료 1인당 2유로를 내고 헤른후트 박물관을 관람했다. 이곳에는 진젠도르프 백작과 교회 공동체의 역사가 고스란히 담겨 있었다. 단순히 종교사를 넘어 한 시대의 삶의 방식과 신념이 엿보이는 전시였다. 가구, 생활 도구, 지역 예술품들이 조화를 이루며 진젠도르프 가문의 사진과 유품이 함께 전시돼 있었다.

진젠도르프 백작 가족 사진들

헤른후트 형제교회

이어 방문한 헤른후트 형제교회는 공사 중으로 내부 관람은 불가능했다. 그 대신 교회 정원에 세워진 진젠도르프 동상을 보며 그가 세운 영적 공동체의 의미를 다시금 되새겼다. 그는 선교지에 직접 가지는 않았지만, 전 재산과 삶을 복음 전파에 바친 사람이다. 그의 신념은 수많은 선교사와 교회 공동체의 뿌리가 되었다.

선교사 묘역
- 침묵 속의 고백

오후 2시, 초창기 모라비안 선교사들의 묘역을 찾았다. 강렬한 분위기의 나무들과 묘지가 어우러져 숙연함을 자아낸다. 진젠도르프 백작의 가족 묘도 있으며, 선교사 묘는 사망 순서대로 번호가 매겨져 있었는데, 40번까지 보았다.

묘역 입구 왼편에는 최근 조성된 묘역이 있는데, 조화롭고 아름답게 꾸며져 있었다. 하지만 초창기 선교사들의 검소하고 평등한 묘비와 대비되어 마음 한편이 허전했다.

해외 선교사들의 헌신을 조용히 묵상하던 중 소나기가 내려 서둘러 발걸음을 돌렸다.

드레스덴 숙소
– 기대를 넘어선 만남

드레스덴 시내에 들어가면서 처음 마주한 건물은 이슬람 양식의 특이한 건물이었다. 독일에 이슬람 모스크 비슷한 건축물이 있다니 신기하였다. 나중에 알아보니 야센키르헤라는 건물인데, 과거 담배 공장이었고,

독특한 이슬람 건축 양식으로 유명하다고 한다.

 오후 4시 30분, 드레스덴 숙소에 도착했다. 구시가지에서 가까운 주택으로, 겉모습부터 잘 정돈된 고급 저택 느낌이었다. 정원은 손질이 잘 되어 있었고, 인테리어도 고급스럽고 우아했다. 무엇보다 감동적이었던 건 식탁 위에 놓인 환영의 와인. 지금껏 많은 숙소를 이용해 봤지만, 이렇게 따뜻한 환영은 처음이었다. 여주인과의 언어 장벽이 있어 소통은 어려웠지만, 와인이 대신 주인의 마음을 전해 준 느낌이었다.

다만 주차 관련 안내는 아쉬움이 남았다. 마당에 공간이 있음에도 길가에 주차하라는 안내는 낯설고 다소 불편했다.

집 안의 시설이 아주 좋았다. 가성비 최고의 가장 럭서리한 숙소였다. 이곳에서 5성급 호텔 같은 우아함과 편안함을 3일 동안 즐길 수 있어서 무척 만족스러웠다.

드레스덴 야경
– 고전과 황혼의 조우

저녁 8시, 드레스덴 구도심을 찾았다. 해 질 무렵의 하늘은 석양빛으로 물들고, 황금색 조명이 비친 건물들은 찬란하게 빛났다. 드레스덴에서 석양의 라이더를 만나다.

드레스덴의 고풍스러운 야경에 흠뻑 빠졌다. 조명을 받은 건물들이 눈부시게 빛난다. 사진 속 왼편에 가톨릭 궁전교회가, 오른편에 드레스덴 레지덴츠 성이 자리하고 있다. 처음 마주한 장면이 무척 황홀했다.

    세계적으로 유명한 음악 공연장 젬퍼 오퍼와 그 앞의 광장이 노을빛에 환상적으로 물든다. 이 오페라 하우스는 클래식 음악 애호가들에게는 필수 방문지라고 한다.

    광장 한편에 츠빙거 궁전(Zwinger Palace) 외관이 조명에 빛난다.

    광장의 조명과 어우러져 환상적 분위기를 자아내는 고풍스러운 건물들. 고개를 돌리면 나타나는 찬란한 예술 건축물을 넋을 놓고 한참을 바라보았다. 조명과 석양이 뒤섞인 풍경은 장면마다 하나의 그림이었고, 오늘 하루를 마무리하기에 가장 완벽한 무대였다.

5/23
목요일

동유럽 11일차, 독일 2일차

마이센, 도자기와 고딕의 시간

드레스덴에서 맞는 두 번째 아침. 식탁 위에는 페이스트리 빵, 납작복숭아, 포도가 새롭게 올라왔다. 달라진 아침 식단이 하루의 분위기를 바꾸는 작은 계기가 되었다.

　그러나 주차 문제로 숙소 주인과 다툼이 있었다. 오늘 늦게 귀가할 것을 감안해 마당 주차를 요청했으나, "예약 사이트의 '주차 가능'은 길거리 주차를 의미한다"며 단호히 거절당했다. 소통의 어려움과 문맥의 차이 속에서 만나는 해외여행의 불편함이다.

마이센(Meissen) 도자기 박물관
– 유럽 최초의 백자 이야기

드레스덴에서 약 40분을 운전해 11시, 마이센 도자기 박물관에 도착했

다. 마이센 도자기는 1710년에 설립된 고급 도자기 제조업체로, 유럽 최초의 경질 도자기로 유명하다. 로코코 양식의 화려한 디자인과 뛰어난 품질로 유럽 귀족들 사이에서 인기가 높았다.

입장료는 1인당 14유로. 도자기 제작 과정을 직접 시연해 주는 투어부터 시작해 로코코 양식의 화려한 식기, 조각상, 심지어 도자기로 만든 파이프 오르간까지, 전시되어 있는 공간을 둘러보면서 마이센 도자기의 예술성과 정교함에 감탄을 금치 못했다.

2억 원이 넘는 항아리형 꽃병 앞에서 잠시 숨을 고르고, 여행 중 짐 부담을 고려해 작은 장식 접시 하나(169유로)를 구입했다.

구도심과 성모 교회
– 중세가 스며 있는 골목

박물관을 나와 마이센 구도심으로 향했다. 돌길과 고풍스러운 건물들, 광장 중심에 자리 잡은 13세기 마이센 성모 교회는 도시의 정체성과 역사를 고스란히 담고 있었다.

고즈넉한 골목은 상점보다 벽돌의 결이 더 눈에 들어왔고, 수세기 전의 일상이 지금도 흐르고 있는 듯한 착각마저 들었다.

알브레히츠부르크 성(Albrechtsburg Castle)
– 엘베강과 성채

오후 1시 30분, 알브레히츠부르크 성으로 이동했다. 성 아래 마을에 주차했다가, 걸어서 언덕길을 올라가기엔 체력이 부담스러워 차를 갖고 성안으로 가 보기로 했다. 다행히 성안의 주차 공간은 넉넉했다. 비수기의 유럽 자동차 여행이라면, 도심만 아니면 주차 문제는 생각보다 어렵지 않았다.

 성은 15세기 고딕 양식으로 건축됐으며, 내부에는 역사적인 프레스코 화와 고풍스러운 방들이 남아 있다. 성 옆에 있는 고딕 양식의 마이센 대성당은 화려한 스테인드글라스와 조각상들로 중세의 신앙과 예술을 함께 보여 주는 공간이었다.

 성곽 끝에 위치한 전망대에서 엘가 강과 도심의 멋진 광경을 볼 수 있었다.

 오후 2시 30분, 성 옆 전망이 좋은 카페에서 아이스크림과 케이크, 맥주 한 잔을 주문했다. 총 13.4유로를 지급했는데 가격, 전망 모두 기대 이상으로 훌륭했다. 엘

베강이 굽이쳐 흐르고 마을 지붕들이 붉게 이어지는 풍경을 바라보며, '정말 잘 들어왔다'고 속으로 자화자찬했다.

　강 건너편에서 바라보는 성의 모습이 문뜩 궁금해졌다. 고수 부지 주차장에 차를 세우고 사진 포토존을 찾아갔다. 눈앞에 펼쳐진 성의 전경은 한 장의 엽서 같았다. 높이 솟은 성벽과 교회 첨탑이 흐르는 강물에 반영된 풍광에 매료되어 한참을 머물렀다. 이 풍경 하나만으로도 마이센에 온 보람은 충분했다.

Homage Restaurant

오후 7시, 숙소 인근의 평점 높은 레스토랑, Homage에 저녁 식사를 예약하고 약 15분 정도 걸어서 식당에 도착했다.

서빙하는 여종업원이 영어를 거의 하지 못해 주문에만 20분이 걸렸지만, 음식은 기대 이상이었다. 화이트와인 2잔, 치즈수프, 돼지고기 젤리 요리를 주문하고 팁 포함 35유로를 지급했다. 특히 젤리는 복어껍질젤리와 비슷한 맛이었고, 와인은 향과 산미의 균형이 훌륭했다. 가성비 좋은 식당에 대한 만족감으로 오늘 하루를 행복하게 마무리하였다.

언어 장벽, 낯선 땅의 일상

이번 동유럽 여행에서 여러 번 언어의 장벽을 마주했다. 자유여행이 점차 늘고 있다지만, 여전히 동유럽의 소도시에서는 외국인을 위한 관광 인프라가 충분하지 않았다. 그러나 그런 불편조차 여행의 일부로 받아들일 수 있다면, 그것 또한 추억이 될 거라고 생각한다.

5/24
금요일

동유럽 12일차, 독일 3일차

재건된 도시 드레스덴의 낮 모습

드레스덴 세 번째 날. 오늘은 도보로 구시가지 전체를 돌아보는 일정이다. 드레스덴 방문 첫날 밤에 화려하게 조명되었던 건축물들이 대낮의 자연광 아래서는 또 어떤 모습을 하고 있을지 궁금했다.

구시가지
– 역사의 무늬를 따라 걷다

 오전 10시 30분, 구시가지에 유료 주차장에 도착했다. 걱정한 것과 달리 충분한 주차 공간 덕분에 수월하게 주차하고, 도시 탐험에 나섰다.

 주차장 밖에 7인용 빨간 자전거(사용료 9유로)가 있는데, 앙증맞게  보인다. 함께 타는 사람들의 호흡이 중요해 보이는데 타면 어떤 느낌일까?

 첫 번째로 마주한 건물은 드레스덴 미술대학(Academy of Fine Arts Dresden)이다. 곡선과 돔 구조가 돋보이는 독특한 외관으로 자신의 존재감을 당당하게 발산하고 있었다.

프라우엔 교회(Frauenkirche)
- 전쟁과 평화

곧이어 눈에 들어온 건물은 도시의 상징, 프라우엔 교회(Frauenkirche)다. 제2차 세계대전 당시 폭격으로 완전히 무너졌던 교회 건물을 독일 통일 후 복원하였다. 복원된 외벽의 검은 부분은 원래의 파편, 밝은 부분은 새롭게 보강된 재료로, 그 혼합된 외관이 전쟁과 평화, 파괴와 재건을 동시에 상징한다.

교회 앞 광장 한 편에 무너진 베를린 장벽 일부가 전시돼 있다. 이제는 희미해진 동서독의 분단 기억이 이곳에서는 여전히 생생히 숨 쉬고 있었다. 베를린 장벽이 무너진 사건은 1989년 11월 9일, 독일과 세계사에 있어 상징적인 전환점이 된 역사적 사건이다. 이는 단순히 장벽이 무너진 것이 아니라 냉전의 종식, 독일 통일 그리고 동유럽 사회주의 붕괴로 이어지는 거대한 변화의 시발점이었다.

군주의 행렬
- 도자기 타일로 만든 역사

교회에서 몇 걸음 옮기자, 약 100m 길이의 군주의 행렬(Fürstenzug) 벽화가 이어졌다. 무려 23,000개의 마이센 도자기 타일로 만들어진 이 벽화는, 작센 왕국의 역대 군주들을 연대순으로 묘사한 거대한 역사서다.

　벽화는 드레스덴 성(Residenzschloss)의 일부인 슈탈호프(Stallhof) 외벽에 설치돼 있는데, 이 건물은 궁정 오락과 연회를 위해 세워졌으며, 특히 마상 시합, 격투기 시합, 여우 사냥과 같은 궁정 스포츠와 행사가 열리던 곳이다. 다음 사진 속 오른쪽 회랑 건물의 외벽에 벽화가 있다.

벽화가 끝나는 지점에 이르면 구도심의 광장이 열린다. 웅장하면서 화려한 건물들이 광장을 둘러싸고 있어 장엄한 모습을 자아낸다.

광장에서 엘가 강으로 걸어가다 보면 강변에 유명한 브륄의 테라스 (Brühl's Terrace)가 보인다. 그곳에서 보는 엘가 강과 신시가지의 아름다움이 그간 여행에서 쌓인 피로를 말끔히 씻어 주는 듯하다. 특히 엘가 강에 놓인 아우구스투스 다리가 우아한 자태를 뽐낸다. 이 다리 위에서 보면 드레스덴의 스카이라인이 한눈에 들어와 사진 명소로 유명하다.

다리 위에서 엘가 강과 구시가지 스카이라인을 함께 담을 수 있었다. 사진 속 오른쪽 녹색 나무숲이 브륄 테라스다.

　다리 위에서 바라본 광장의 인상이 한동안 가슴에 남는다. 한참을 봐도 지루하지 않았고, 어떻게 이처럼 완벽하게 복원했는지 그들의 인내와 예술성을 함께 느낄 수 있었다.

밤에 방문했던 젬퍼오퍼(Semperoper) 광장에 다시 왔다. 고전주의와 르네상스 양식을 결합한 오페라 하우스의 화려한 외관이 돋보인다. 광장에 우뚝 선 기마상은 드레스덴을 문화적으로 융성시킨 작센의 공작인 요한 2세다.

고색창연한 가톨릭 궁전교회(드레스덴 호프 교회)는 어느 방향에서 봐도 화려함의 극치를 보여 준다.

츠빙거 궁전(Zwinger Palace)은 바로크 양식의 문화 공간으로, 여러 박물관과 미술관이 있다. 아름다운 정원과 섬세한 조각들이 인상적이지만, 정원 공사 중이라서 오래 머물 수가 없었다. 여행 중에 입장이나 관람이 제한될 때가 종종 있어서 아쉽다.

동독 시절에 츠빙거 궁전과 젬퍼오퍼 등을 복원했지만, 많은 역사적 건물들은 복구되지 않았었다. 특히 프라우엔 교회는 전쟁의 참상을 상기시키는 반전 기념물로 남겨져 붕괴된 채로 방치되었다가 독일 통일 후, 2005년에 복원 공사가 마무리되었다.

마틴 루터 동상
- 개혁의 흔적

프라우엔 교회 뒤편에 마틴 루터 동상이 있다. 독일 종교 개혁의 상징이자 신앙의 자유를 외친 인물. 루터는 1517년 95개조 반박문을 통해 면죄부 판매를 비판하며 종교 개혁을 시작했고, 독일어 성경 번역을 통해 성경을 대중에게 되돌려주었다. 그의 정신은 지금도 개신 교회와 유럽 시민 정신의 뿌리를 이룬다.

필니츠 궁전(Schloss Pillnitz) 정원
– 엘베강 따라 피어난 예술

 오후 1시, 필니츠 궁전(Schloss Pillnitz)으로 향했다. 엘베강을 따라 위치한 이 궁전은 도심 외곽에 있어 렌터카로 이동하면 좋다.

 궁전 내부 입장은 생략하고, 5유로를 내고 정원만 관람했다. 정원 입구에 있는 거대한 나무는 가지가 땅에 닿을 만큼 자라 있었다. 수백 년 세월을 견뎌 온 나무의 존재감이 특별했지만 이렇게 가꾸어 온 사람들의 정성에 탐복했다.

 정원에는 다양한 바로크 양식의 궁전 건물들이 보인다. 제2차 세계대전이 끝날 무렵 있었던 연합군의 드레스덴 대폭격에서도 다행히 파괴되지 않았다고 한다.

 정원에는 영국식 정원, 중국식 정원, 인공 연못 등이 어우러져 있었고, 특히 300년 전 아시아에서 들여온 동백나무도 여전히 자리를 지키고 있었다. 이 지역의 추위에서 나무를 살리기 위해 정성과 기술이 총동원되었고, 그 결과 수령 300년의 동백은 꽃과 나뭇잎으로 화답하고 있었다. 겨울에 나무를 보호하기 위한 대형 온실이 나무 옆에 나란히 있다.

다음 사진은 무엇으로 보이나요?

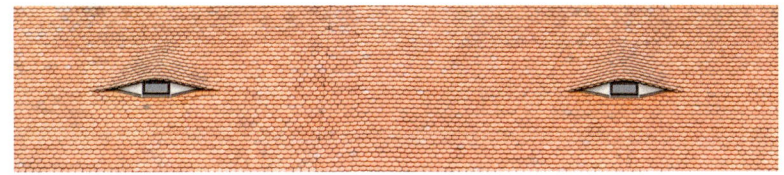

다락방 위 지붕에 있는 작은 창문이 사람의 눈 같아 신기한데, 이 지역의 건축 양식인 듯 다른 곳에서도 볼 수 있었다.

푼즈 몰케라이
– 세계에서 가장 아름다운 유제품 가게

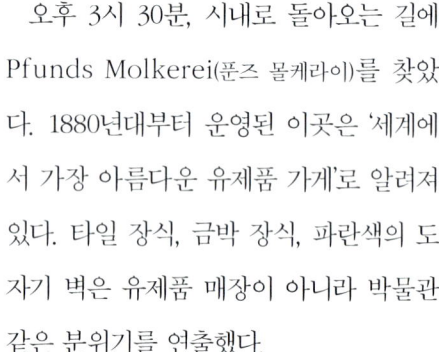

오후 3시 30분, 시내로 돌아오는 길에 Pfunds Molkerei(푼즈 몰케라이)를 찾았다. 1880년대부터 운영된 이곳은 '세계에서 가장 아름다운 유제품 가게'로 알려져 있다. 타일 장식, 금박 장식, 파란색의 도자기 벽은 유제품 매장이 아니라 박물관 같은 분위기를 연출했다.

한국으로 가져갈 선물로 잼과 초콜릿을 구매하고, 건물 2층 카페에서 카푸치노, 와인, 케이크를 주문해 먹으면서 드레스덴의 여행을 돌아보았다. 도심 여행의 피로를 씻기에 완벽한 마무리였다.

5/25
토요일

동유럽 13일차

독일 바슈타이(Bastei), 체코 프라하

드레스덴을 떠나 체코 프라하로 향하는 길. 그 사이 독일 작센주의 숨은 절경, 바슈타이 국립공원을 찾았다. 엘베강을 따라 형성된 이곳은 우뚝 솟은 거대한 바위 군락과 암석 협곡 위에 놓인 다리가 어우러져 독일에서도 손꼽히는 자연 명소로 알려져 있다.

바슈타이 브리지
– 암석 위에 놓인 하늘길

　전날까지 이어진 흐린 날씨가 걷히며 햇살이 내리쬐었다. 산속 길을 따라 드라이브하면서 주차장에 10시 30분에 도착했다. 오늘이 토요일이고, 유명한 관광지여서 관광객이 엄청 많다.
　여기서도 주차 티켓 발급기 때문에 애먹었다. 기계 설명서에 영어는 없고 독일어로만 설명하니 무척 당황스럽다. 외국인을 위한 인프라가 많이 부족해 보였다.

　짧은 산책로를 지나 바슈타이 브리지(Basteibrücke)로 향했다. 넓은 평원인 줄 알았는데, 중국 장가계 같은 기암절벽이 보여 신기했다. 바위군의 규모는 장가계보다 훨씬 작지만 엘베강과 어우러져 멋진 풍광을 보여주었다.

　산봉우리처럼 솟은 바위들 사이를 가로지르는 바슈타이 다리 위에 서면 절벽 아래로 엘베강이 굽이쳐 흐르고, 멀리 철도와 마을의 붉은 지붕이 보인다. 고요함과 장쾌함이 동시에 느껴지는 풍경이다. 다리 양쪽에 여러 전망대가 있어 엘베강 협곡과 작센 스위스의 절경을 감상할 수 있었다.

바슈타이 브리지

프라하 도착
– 낯선 도시에서 들려온 익숙한 인사

오후 2시, 체코 프라하 숙소에 도착했다. 주차 걱정을 했지만, 숙소 주인이 길가 주차 공간을 미리 확보해 준 덕분에 무리 없이 주차할 수 있었다.

숙소 건물 1층에 있는 상점에 한국 민속 그림이 걸려 있어서 신기한 마음에 가게 안을 들여다보고 있는데 익숙한 한국어가 들려왔다.
"안녕하세요."
뒤를 돌아보니 한국 여성분이 다가와 인사를 건넨다. 근처 한인교회의 목사 사모라면서 이곳에서 화실을 운영한다고 한다. 내일이 주일인데 예배에 참석해 보는 건 어떻겠냐고 제안을 했다. 그렇지 않아도 여행 중 교회에서 예배를 드릴 기회가 없어 아쉬웠던 터라 매우 반가운 초대였다.

늦은 점심 겸 저녁을 해결하기 위해 두 곳의 슈퍼마켓을 들렀다. 한인 마켓에서 쌀과 라면을 구입했다. 오랜만에 보는 익숙한 포장지와 글자가 마음을 편안하게 해 준다. 현지 마켓 Billa에서 과일, 비프스테이크, 생수 등 필요한 식재료를 구해 숙소로 돌아왔다.

숙소에서 밥을 짓고 스테이크를 구워서 한국에서 가져온 밑반찬과 함께 거창한 만찬을 즐겼다. 와인 한잔은 청량함을 더해 준 훌륭한 애피

타이저였다. 해외에서 먹는 '집밥 같은 식사'는 외식보다 훨씬 높은 만족감을 주었다.

프라하는 체코의 수도이자 유럽에서 아름다운 도시 중 하나다. 16년 전, 두 딸과 함께 이곳을 찾았던 기억이 선명하다. 그때는 주로 유명 관광지를 중심으로 빠르게 돌아보았지만, 이번에는 조금 더 천천히, 깊이 있게 도시를 만나고 싶었다.

내일부터 2일간 프라하의 속살을 걷는다. 프라하 성, 성 비투스 대성당, 프라하 카를교, 스트라호프 수도원, 구시가지 광장, 비셰흐라드 요새 등을 마주할 시간이다.

5/26
일요일

동유럽 14일차, 프라하 2일차

고성과 강 그리고 발레

오늘은 도시의 가장 중심이자 상징적인 공간, 프라하 성을 방문한다. 숙소 바로 앞 트램 정류장에서 22번 트램을 타고 다섯 번째 정거장에서 내리면 바로 프라하성 입구다. 65세 이상은 대중교통이 무료라는 점도 프라하 여행의 큰 장점이다. 숙소 위치의 편리함을 실감한 아침이었다.

프라하 성
– 천년의 역사 위를 걷다

　오전 10시 30분, 프라하 성에 도착했다. 이 성은 세계적으로 규모가 큰 고대 성곽의 하나로 현재는 체코 대통령의 공식 거주지이기도 하다. 입장료는 1인당 950코루나(약 57,000원). 오디오 가이드(20유로)를 대여하고 본

격적으로 성 내부 탐방을 시작했다.

성 바투스 대성당

입구를 들어서면서 처음 마주한 건물, 성 비투스 대성당은 고딕 건축의 정수를 보여 주는 프라하 명소다. 성당 내부 입장은 12시부터 시작되므로 시간적 여유가 많았다. 구왕궁, 골든 레인(황금소로) 및 다른 성당을 우선 돌아보기로 했다.

구왕궁과 성 이르지 바실리카

연회장과 귀족 가문의 문장, 고서 등이 전시되어 있는 구왕궁을 방문했다. 1층 홀은 중앙에 기둥 하나 없이 아치형 천장으로 설계되어 있어 중세 건축의 지혜를 엿볼 수 있었다. 과거 방문했을 때는 1층 홀을 자유

롭게 다닐 수 있었는데, 지금은 펜스를 쳐서 접근을 막는다. 전시된 다양한 상징의 가문 문장 디자인이 흥미롭다.

  구왕궁을 나오면 분홍색을 띤 성당, 성 이르지 성당이 우리를 맞아 준다. 이곳은 대성당 뒤편에 자리 잡은, 화려한 파사드가 이목을 끄는 바실리카다.

골든 레인(Golden Lane)

성당을 지나 조금 내려가면 왼쪽으로 꺾이는 골목길이 나온다. 성벽 회랑 아래 작은 집들이 다닥다닥 붙어 있는 골목길, 골든 레인이다. 특이하게도 이곳에 게이트가 설치되어 있어 입장 티켓이 없으면 갈 수 없다. 중세 도감 속 장면처럼 다채롭고 동화적인 풍경이 인상 깊은 황금소로를 걸었다.

골목 끝에 있는 지하 감옥도 방문할 가치가 있다. 지하 깊숙한 곳에 갇혀 지냈던 죄수를 생각하니 끔찍했다.

동문을 통해 성 밖으로 나서면 프라하 전경이 한눈에 펼쳐진다. 포도밭과 붉은 지붕들이 어우러진 시내 풍광은 변함없이 감탄을 자아내게 했다.

2008년, 딸들과 함께 점심을 먹었던 포도밭 옆 식당을 다시 찾았다. 앉았던 테이블과 그곳에서 바라본 도시 풍경이 선명히 기억났지만, 이미 만석이어서 오래 기다려야 한다는 안내를 받고 내일 다시 오기로 하고 발길을 돌렸다.

프라하 성 정문 앞에는 무표정으로 부동자세를 지키는 위병들이 서 있다. 군더더기 없는 자세와 복장은 대통령 관저의 상징성과 위엄을 보여 주는 장면이다. 포토 스폿으로도 인기 많은 곳이다.

2주 가까이 걸었던 여정의 피로가 체력 저하로 나타났고, 결국 여독을 못 이겨 성 비투스 대성당 내부 관람은 내일로 미루고 숙소로 돌아와 휴식을 취했다.

한인교회 예배 참석

약을 먹고 쉬었더니 몸이 가벼워져서 '프라하 한마음교회'로 갔다. 교회까지는 차로 20분 정도 걸렸고, 조용한 동네에 위치해 있었다. 목사님이 사모님한테서 들었다면서 반갑게 맞아 주었다. 예배 후 합심 기도 중, 우리나라의 체코 원전 수주 성공을 기원하는 기도 제목이 있었다. 수주가 되면 직원 가족들이 프라하에 거주하게 되고, 한인들의 경제도 활성화될 수 있기 때문이라고 한다. 여행 후 1년이 지난 금년 6월 4일에 원전 수주 계약이 이루어졌으니 그때 드린 기도가 응답받았나 보다.

카를교와 발레 공연
– 돌발 상황과 유쾌한 마무리

저녁 7시로 사전 예약해 둔 발레 공연 관람을 위해 일찍 출발했다. 가는 도중에 카를교 위에서 멋진 풍광도 충분히 감상하면서 천천히 걸어갈 계획이었다.

트램에서 내려 카를교로 가는 중간에 강가로 이어지는 길을 따라 내려갔다. 그곳에서 보는 강물에 비친 카를교는 감탄사가 저절로 나오게 한다. 강기슭에는 오리들이 유유히 헤엄치면서 북적거리는 관광객들과는 상관없다는 듯, 자신의 영역을 즐기고 있었다.

카를교 위에서 보는 풍경은 언제 보아도 많은 이야기를 품고 있는 것 같다. 저녁 무렵의 카를교는 관광객이 많지는 않았다. 다리위에 있는 예수님과 성인들의 조각상을 보는 것도 큰 즐거움이었다. 중세시대에 세워진 큰 다리위에는 성인들의 조각상을 설치하고 신앙의 본으로 삼은 것 같다. 로마의 천사의 성 앞에 있는 다리위의 조각상들에 대한 기억을 소환해 본다. 이번 여행의 잊지 못할 추억으로 오래 기억될 것이다.

카를교를 건너오면 위풍당당한 카를대제의 동상을 마주한다.

국립극장

오페라 발레극장

7시 공연 시간에 맞추어 국립극장에 갔는데, 분위기가 조금 이상하다. 입장하는 사람들이 모두 정장 차림이었다. 순간적으로 당황해서 안내인에게 모바일 티켓을 보여 줬더니 여기가 아니란다. 국립극장이 아니고 오페라 발레극장에서 공연한다고 설명해 준다. 국립극장 사이트에서 예매했기 때문에 당연히 국립극장에서 공연이 있을 거라고 착각한 것이었다.

저녁 시간이라 택시 잡는 게 불가능해 보여 트램을 타기로 했다. 트램에서 내린 후 허겁지겁 달려갔지만 공연은 이미 시작되었다. 안내받은 임시 좌석에서 1막을 관람한 뒤 쉬는 시간에 예매한 자리로 이동해 2막부터 감상했다.

발레 〈Coppélia〉는 괴짜 발명가가 만든 사람 크기의 인형과 그 주변 사람들 사이에서 벌어지는 코믹한 이야기로 구성됐다. 생동감 넘치는 캐릭터들, 교묘한 속임수들, 활기찬 음악이 특징으로 무척 재미있는 공연이었다. 각 막마다 폴란드, 헝가리, 체코 민속춤이 등장해 문화적 다채로움을 더했다.

5/27
월요일

동유럽 15일차, 프라하 3일차

기억 속의 도시를 다시 걷다

프라하에서의 마지막 날, 오늘은 옛 기억을 따라 도시 곳곳을 다시 걸어 보는 날이다. 처음 이곳에 왔던 16년 전의 장면들이 선명히 떠오른다. 그때의 흔적과 지금의 경험이 겹치는 순간들을 이 도시에서 다시 느껴 보고 싶다.

오전 9시, 숙소 앞 예쁜 카페 'LPPA'에서 아침을 시작했다. B.E.A.T. 브레드, 아보카도 타르타르, 아메리카노 커피, 콜라를 주문하고, 약 700코루나(약 41,000원)를 지불했다. 음식의 맛과 퀄리티 모두 기대 이상이었고, 과일 모양의 디저트 케이크는 차마 먹기 아까울 정도로 앙증맞았다.

비셰흐라드(Vyšehrad) 요새

오전 11시, 프라하 남쪽의 언덕 위에 위치한 비셰흐라드로 향했다. 이곳은 프라하의 역사적인 요새로, 아름다운 공원과 성당 그리고 프라하 전경을 한눈에 볼 수 있는 최고의 장소로 유명하다. 프라하 성보다 덜 알려져 있지만, 현지인들이 더 자주 찾는 공원이다.

성벽 위는 넓고 평평해 산책하기에 아주 좋았고, 성 위에서 바라보는 프라하의 탁 트인 전경은 매우 인상 깊었다. 프라하 성에서 보는 경치와 비교해도 결코 손색없는 멋진 풍광을 선사해 주었다.

프라하 시내 반대 방향의 경관도 매우 수려하다.

주요 다리들을 표시한 방위각과 함께 프라하 성이 멀리 희미하게 보인다.

성벽 자락의 좁은 포도밭에서는 체코인들의 와인 사랑을 엿볼 수 있었다. 공원 내 성 베드로와 성 바울 대성당을 방문했다. 성당 안의 서로 다른 피에타 조각이 인상적이고, 경건한 분위기가 여행자의 발걸음을 멈추게 하였다.

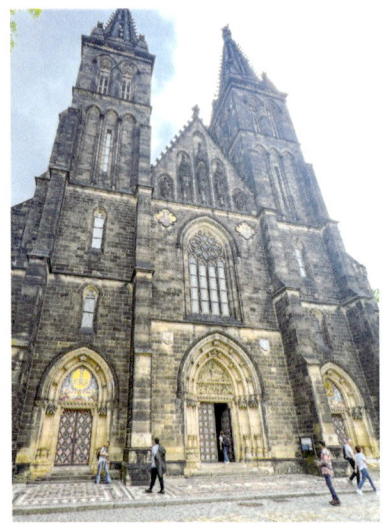

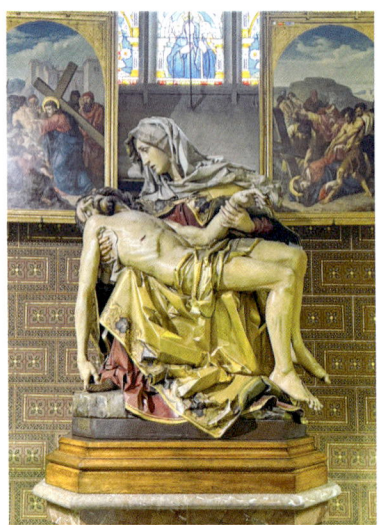

대성당 옆에는 비셰흐라드 국립묘지(Vyšehrad Cemetery)가 있다. 이곳은 체코의 역사와 문화, 예술을 상징하는 매우 중요한 장소로, 체코 국민들이 가장 존경하는 예술가, 작가, 작곡가, 정치인 등이 안치된 곳이다.

이곳에 체코의 유명한 음악가 드보르자크와 스메타나 두 사람이 잠들어 있다. 스메타나의 묘는 묘역의 중심 위치에 크고 화려하게 조성되어 있는 반면, 드보르자크의 묘는 회랑 구석에 작게 만들어져 있어서 대조되었다. 드보르자크의 업적을 생각하면 의외였지만, 체코에서는 스메타나가 민족 음악의 시조로 더 높이 평가받는 듯하다.

드보르자크과 스메타나 묘

성벽 위가 자동차가 다닐 정도로 엄청 넓다. 요새의 견고함이 느껴진다. 이곳에서는 멀리 프라하 성을 배경으로 프라하의 붉은 지붕 건물들을 조망할 수 있어 또 다른 프라하의 멋을 맛볼 수 있었다.

요새를 떠나 구시가지로 돌아오는 길에서 프라하의 명물인 댄싱 하우스를 만났지만 주차하기 어려워 차창 밖으로 건물 외관만 사진에 담고 지나쳤다.

스트라호프 수도원 도서관
– 닿지 못한 아름다움

 오후 3시, 유럽에서 가장 아름답고 오래된 도서관 중 하나로 손꼽히는 스트라호프 수도원 도서관을 찾았다. 사전 예약을 하지 않아 내부 입장을 할 수 없었고, 먼발치에서 사진으로 담을 수 있어서 그나마 다행이었다. 수천 권의 장서가 가득한 목공에 벽면 책장과 신학의 홀 천장의 프레스코화인 '천상의 지혜를 향한 인간의 탐구'와 철학의 홀 프레스코화인 '인류의 정신적 진보'가 주요 볼거리였다.

 수도원은 오래전부터 포도밭을 직접 경작해 와인을 만들어 왔다. 시음을 할 수 있다는데, 깜빡 놓쳐서 아쉬움이 남았다. 수도원 후문으로 나오면 프라하 성과 주변 포도밭을 한눈에 조망할 수 있는 장소가 있는데, 이곳에서 수제 마그네틱을 하나 구입했다.

프라하 성 재방문

전날 구매한 입장권이 오늘까지 유효해서 프라하 성을 재방문했다. 어제 만석이라서 입장 못한 식당이 오늘은 문을 닫았다. 여행에서는 이처럼 예기치 못한 경우가 가끔 발생하지만, 이제는 쿨하게 넘어간다. 근처 식당에서 프렌치프라이와 맥주로 간단히 허기를 달랬다.

성 비투스 대성당 내부에 들어가 체코 왕들과 성인들의 역사가 담긴 공간을 다시 마주했다. 화려한 장미창 스테인드글라스는 여전히 웅장했고, 대성당 특유의 무게감과 빛이 어우러져 신성함을 느끼게 했다. 또

한 체코의 수호성인, 바츨라프, 묘소의 은장식과 후광이 매우 인상에 남았다.

존 레논 벽화, 스메타나 동상, 얀 후스의 흔적

존 레논 벽화는 여전히 수많은 낙서가 어지럽게 그려져 있지만 그 속에 수놓은 화려한 색상과 자유로운 분위기는 이전보다 더욱 생동감을 주었다. 이곳은 단순한 벽화가 아닌 자유를 향한 체코 젊은이들의 몸부림이 서려 있는 장소다. 1980년 레논이 암살된 직후, 정체불명의 시민이 그의 얼굴을 벽에 그리며 시작된 벽화는 체코의 젊은이들이 정치적 구호, 평화 메시지, 비틀즈의 가사 등을 끊임없이 덧입히며 공산정권하의 비폭력 저항 창구로 사용되었다고 한다.

한국을 떠나기 전, 지인이 프라하 강변에서 스메타나 동상을 찾아보라고 준 퀴즈가 생각나서 물어물어 찾아갔다. 카를대교를 건너와 카를루스 대제 동상을 보고 오른쪽 길로 들어서서 약 100미터 정도 가면 강변으로 이어지는 길을 발견할 수 있는데, 그곳에 있었다. 미션 성공이다. 이곳에서 바라보는 프라하 성 전경은 역시 탁월했고, 사진 명소로 꼽기에 손색이 없다.

독일의 마틴 루터보다 앞선 종교개혁가 얀 후스가 목회하던 교회에 갔으나 문이 닫혀 있어 외관만 보고 나왔다. 독일의 헤른후트에서 만난 모라비안 교회의 신앙운동도 이곳에서 시작된 종교개혁자들이 핍박받아, 독일 작센주로 피신하면서 이어진 결과다.

구시가지 광장
– 감흥과 일상의 경계

  오후 5시 30분, 구시가지 광장을 찾았다. 과거에 방문했을 때 느꼈던 천문시계의 감동은 옅어졌고, 올로모우츠에서 본 비슷한 시계를 떠올리며 가볍게 지나갔다. 광장 한쪽에서는 음악 축제가 열리고 있었다. 인파와 밴드 소리, 삼엄한 경찰 경계 속에서 잠시 구경하다 자리를 떠났다. 얀 후스 동상에 경찰이 올라가 관중을 지켜보는 모습이 인상적이었다.

Marina Restaurant
– 완벽한 저녁의 마무리

오후 8시, 프라하의 마지막 저녁은 제대로 된 레스토랑에서 보내고 싶었다. 예약 없이 여러 식당을 찾았지만 빈번히 자리가 없거나 분위기가 맞지 않았다. 그러다 프라하 성 전경이 보이는 강가의 식당이 눈에 들어왔다. 우연히 들어간 이 식당은 탁월한 선택이었다. 창밖으로 보이는 노을 속의 프라하 성은 말이 필요 없는 장관이었다.

꼬제, 볼로네제파스타, 문어구이, 와인과 생수를 주문했고, 총 2,700코루나(팁 포함)를 지불했다. 꼬제와 문어구이는 만족스러웠지만, 볼로네제 파스타는 아쉬움이 남았다. 와인 가격은 비쌌지만 분위기를 값으로 매길 수 없는 순간이었다.

노을에 물들어 가는 프라하 성 언덕

프라하 성 야경, 강물에 반영된 불빛, 가로수의 푸른 생생함이 더해져 말로 형용키 어려운 그림을 연출한다. 너무 좋아서 다시 방문하고 싶은 식당이다.

사진 오른쪽에 식당이 보인다. 기막히게 훌륭한 위치에 있다.

프라하는 늘 특별하지만, 오늘은 더욱 우리에게 깊은 추억으로 남았다. 시간과 기억, 예술과 역사, 걸음과 시선이 겹치는 도시 프라하의 마지막 밤을 멋진 노을 아래에서 마주했으니, 다시 와야 할 이유가 충분하다.

5/28
화요일

동유럽 16일차, 체코 텔츠(Telč)

프라하를 떠나 남서쪽으로 166km 떨어진 소도시 텔츠로 향했다. 아침부터 비가 내렸고, 하루 종일 그칠 기미는 보이지 않았다. 여행 중 만나는 비는 때론 감성을 자극하지만, 동시에 여행 일정과 기분에 영향을 주기도 한다.

텔츠 광장
– 비 내리는 중세 마을

2시간 동안 운전해서 정오에 텔츠 광장에 도착했다. 광장은 생각보다 훨씬 넓고 웅장했다. 중세풍의 건물들이 파스텔톤 색감과 독특한 지붕선으로 광장을 두르고 있는 모습은 타임머신을 타고 과거로 돌아간 듯한 기분이다.

광장에서 가장 오래된 건물(사진 왼쪽 건물)과 도시 조감도

비가 내리는 날씨 탓인지 관광객은 거의 없었고, 관광 안내소도 점심 시간에 문을 닫아서 여행 정보를 얻지도 못했다. 광장 주차 공간은 대부분 주민 전용 구역이라 빈자리를 찾는 데 다소 시간이 걸렸다.

광장 중심에는 바로크 양식의 삼위일체 석주가 있고, 다양한 디자인의 탑 모양 외관이 인상적인 건물들은 이 도시의 역사를 보여 주는 상징처럼 느껴졌다.

광장 근처 Amigo 식당에서 점심을 해결했다. Royal Burger, Chicken Quesadilla, 감자튀김, 커피, 콜라까지 주문해서 800코루나(약 47,000원)를 지급했다. 맛은 기대 이상이었고, 웨이터도 친절했다. 외국인 관광객이 드문 이곳에서 이렇게 깔끔한 식당을 찾은 건 행운이었다.

광장을 둘러싼 건물들 1층에는 회랑(아케이드)이 있어 비를 맞지 않고도 상점을 구경할 수 있었다. 한 가게에서 아내가 마음에 드는 기념품을 구매했다. 영어 소통은 어려웠지만, 주인의 친절과 합리적인 가격 덕에 유쾌한 기분이었다.

광장 한쪽에서 청소년 밴드 공연이 열렸다. 중년의 지휘자가 열정적으로 학생들을 이끄는 모습은 비 오는 날씨의 우울함을 시원하게 날려 보냈다. 비 때문에 구경하는 게 마땅치 않던 차에 마주한 반가운 공연이었다.

광장 끝자락에 미술관 안내 표지판이 보여 따라 들어갔지만, 미술 대학 건물인데 현재 수업 중이기 때문에 입장할 수 없다고 한다. 작은 마을에 예술 대학이 있다는 게 신기했다.

텔츠 성(Hrad) 가이드 투어

오후 3시 30분, 텔츠 성 내부는 가이드 투어로만 관람 가능했다. 평범한 외관과 달리 내부는 무척 화려하고 세련됐다.

가이드 설명은 체코어로만 제공됐고, 사진 촬영은 금지되어 아쉬움이 많았다. 그래도 추억을 남기고 싶은 마음에 짬짬이 몇 장 찍었다.

성 내부는 정돈된 분위기로, 예술적인 장식품, 가구들, 프레스코화가 감각적으로 꾸며져 있다. 디자인과 색감이 세련된 벽면과 천장도 돋보였다.

다양한 수집품이 정갈하게 잘 전시되어 있는 훌륭한 박물관이다.

다양하고 아름다운 천장 벽화와 세밀한 가구의 문양들이 잘 보존되어 있는 것에 감탄했다. 가이드 투어만 가능한 이유를 알 것 같았다. 벽을 긁어내는 방식인 'sgraffiti'로 입체적인 벽화를 구현한 방도 구경했다. 벽과 천장은 각각 다른 문양으로 아름다움을 표현했다.

투어 시작 전 로커에 자동차 키와 우산을 두고 나왔는데, 투어가 끝난 뒤 직원들이 로커룸 문을 잠근 채 퇴근했다. 황당하기 그지없었다. 차 키가 없으면 운전할 수 없고, 숙소도 찾아갈 수 없으니 큰일이다. 다행히 지나가는 사람에게 로커 키를 흔들며 사정하자, 열쇠를 가진 직원을 수소문해 열어 주었다.

숙소와 산책
– 호숫가에 비친 마을

오후 4시 30분, 숙소 체크인 마치고 동네 한 바퀴 돌아보기로 했다. 숙소 주인은 전기 자재점을 운영하면서 최근 빈 건물을 활용해 숙박업을 시작했다고 한다. 방은 작지만 깔끔하다고 아내가 무척 좋아했다.

호숫가를 따라 산책을 나섰다. 호수에 비친 건물들이 반짝인다. 그림 같은 목가적 풍광에 흠뻑 빠져들었다.

산책 중에 만난 특이한 건물. 경찰서의 높은 탑이 인상적이다. 용도가 무엇일까?

5/29
수요일

동유럽 17일차, 체스키 크룸로프
(Český Krumlov)

체코 남부의 보석 같은 도시 체스키 크룸로프는 프라하 다음으로 많은 관광객이 찾는 곳이다. 중세의 모습이 잘 보존된 이 도시는 도시 전체가 유네스코 세계문화유산으로 지정되어 있다. 오늘 하루, 이 고요하고 정제된 중세 마을을 온전히 걷는다.

　오전 10시, 텔츠를 떠나 크룸로프로 향했다. 기온은 영상 7도라서 숫자만 보면 쌀쌀할 것 같지만 햇살 덕분에 포근하게 느껴졌다. 넓은 초원과 붉은 지붕의 마을들이 멀리서 하나씩 나타났다 사라진다. 멀리서 보이는 마을의 풍경은 아름답지만, 가까이 다가서면 현실의 초라함에 실망할 때도 있다. 그래도 그 풍경을 바라보는 시간은 늘 설렘을 준다. 들판의 이름 모를 야생화들이 고속도로의 단조로움을 벗어나게 해 준다.

　정오에 숙소에 도착했다. 이른 시간이지만 다행히 체크인을 할 수 있었다.

　오후 1시 30분, 체스키 크룸로프 성 근처 주차장 P1에 주차한 후 구시가지로 향했다. 주차장을 벗어나면서 만난 터널과 그 위에 놓인 망토 다리(Mantle Bridge)가 예사롭지 않은 건축물이다. 성과 마을을 이어 주는 통로로, 이곳을 지나면 체스키 크룸로프 성의 위용과 블타바 강이 어우러진 중세 풍경이 펼쳐진다.

　강 위의 작은 다리들과 붉은 지붕의 건물들이 어우러진 도시 전경은 마치 그림엽서 속 장면 같았다. 다리 위에서 올려다보는 성의 둥근 탑과 유유히 흐르는 블타바 강은 '정말 아름답다'는 말 외에 표현할 말을 잃게 만든다.

세미나르니 공원과 이발사 다리

　세미나르니 공원은 구시가지와 강변, 성을 한눈에 조망할 수 있는 사진 명소다.

여기서 보이는 이발사 다리는 여행자들에게 인기 많은 촬영 포인트다. 이 다리에는 체코의 수호성인 성 요한 네포무크 상과 십자가형 예수상이 세워져 있다. 믿음을 상징하는 조각상과 화려한 성의 조망이 어우러진 장면은 신앙과 미의 충돌이 아니라 자연스러운 조화로 느껴졌다.

카누를 타고 한가롭게 물놀이를 즐기는 사람들의 모습도 이곳 풍경의 훌륭한 일부가 되어 주었다.

크룸로프 성 탐방

체스키 크룸로프의 상징인 성탑(Castle Tower)을 오르려면 박물관 입장 티켓을 구입해야 한다. 박물관 입장료는 시니어 할인으로 1인당 220코루나. 체코는 시니어 혜택이 잘 마련되어 있어 여행에 소소한 도움이 된다. 성탑은 섬세한 외벽 프레스코화와 화려한 색감으로 유명하다.

박물관에는 고풍스러운 벽난로, 과거에 사용되었던 좌변기와 휠체어 등이 전시되어 있어 흥미로웠다.

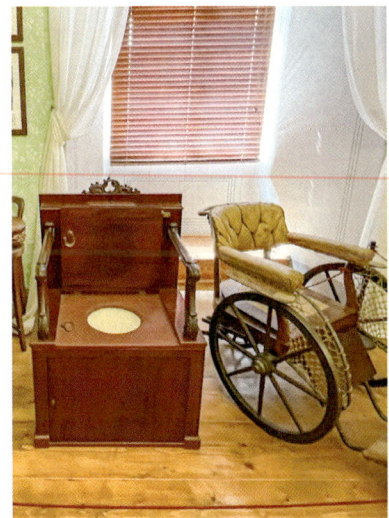

박물관을 구경하고 성탑 전망대를 가려면 162계단을 올라가야 한다. 그곳에 서면 도시와 블타바 강의 환상적인 파노라마 조망이 펼쳐진다. 감탄사가 저절로 나온다.

"와! 얘기로만 듣던 체스키 크룸로프가 한눈에 들어오다니!"

동화 같은 붉은 지붕의 마을 위에 자리한 성은 마치 시간 여행을 온 듯한 황홀한 풍경을 선사한다. 특히 해 질 무렵 성탑에서 내려다보는 황금빛 도시 전경은 바로 체스키 크룸로프 여행의 하이라이트.

성탑을 내려와 망토다리로 가다가 그림처럼 장식된 독특한 건물 외벽을 만났다. 이는 스그라피토 기법으로, 마르기 전에 도료를 긁어 입체감과 색채를 표현한 것이다.

망토다리는 도시와 성을 함께 담을 수 있는 사진 명소였다.

에곤 실레의 흔적과 임시 휴관

구시가지에는 에곤 실레(Egon Schiele) 미술관이 있다. 그의 어머니가 이곳 출신이어서, 실레는 이 마을을 자주 찾으며 작품 활동을 했다. 하지만 아쉽게도 미술관은 임시 휴관 중이었다.

저녁 식사를 위해 한국 여행객들이 선호한다는 PaPa's Restaurant으로 향했다. 가는 길에서 우연히 만난 포토존은 연인들이 좋아할 만한 멋진 포인트였다.

한국 여행객들의 추천 메뉴인 라자냐와 Fillet Steak, 와인 2잔, 생수 1병을 주문하고 팁 포함 1,600코루나를 지급했다. 맛과 분위기 모두 훌륭했고, 식당에서 보는, 석양에 황금빛으로 물들어 가는 강 건너 도시 풍경은 아름다운 추억으로 깊이 각인되었다.

구도심 광장으로

식후 다시 이발사 다리에서 십자가형 예수님 조각상과 화려한 성탑을 마주하였다. 예수님의 사랑과 고통을 묵상하며 구도심으로 천천히 발걸음을 옮겼다.

구시가지 안쪽 깊숙이 자리한 스보르노스티 광장에서는 흑사병 종식을 기념한 삼위일체 석주를 다시 만났다. 중세 유럽을 휩쓴 죽음과 그 속에서 신앙으로 희망을 지키려 했던 흔적들이 도시 곳곳에 남아 있는 듯하다.

 구도심의 좁은 거리와 도로 양편의 화려한 건물들은 중세시대로 돌아간 듯하다.

 강가의 세미나르니 공원에서 아쉬운 마지막 인생 숏을 담았다. 체스키 크룸로프를 한 편의 그림으로 설명하기는 어려울 것 같았다. 강과 나무다리, 붉은 지붕과 십자가 그리고 석양까지. 다시 이곳을 찾게 될 이유는 이미 충분하였다.

5/30
목요일

동유럽, 18일차
잘츠부르크(Salzburg)

모차르트의 도시

    체코에서의 여정을 잘 마무리하고, 오늘은 오스트리아 잘츠부르크로 넘어간다. 남은 여행 일정은 일주일. 떠날 때는 길게만 느껴지던 시간이 이렇게 금세 가까워질 줄은 몰랐다.

    기온은 낮고, 이번 주 내내 비 예보가 이어진다. 계획했던 일정이 무사히 끝날 수 있을까 하는 걱정이 마음 한편에 남았다.

    오전 10시, 체코를 떠나 2시간 반 정도 달려 잘츠부르크로 향했다. 잘츠부르크가 가까워지면서 바위산 지형이 눈에 들어왔다. 체코에서 평야와 언덕만 보다가 알프스 자락이 보이니 새로운 여행에 대한 호기심이 조금씩 올라온다.

    잘츠부르크 구도심에 다다르자 경찰의 수신호가 보였다. 시내에 행사가 있는 듯 우회하라고 안내한다. 유료 주차장을 찾는 데 시간이 걸려서 마음이 바빴다. 구시가지로 넘어가는 다리 위에서 바라본 파란 하늘과 강물, 다리를 오가는 사람들의 발걸음이 정겹다. 어서 건너오라고 구도시가 손짓한다.

모차르트 생가
– 기억의 골목을 더듬다

오후 1시 30분, 모차르트 생가에 도착했다. 과거에 내부 투어를 했으므로 이번에는 건물 앞에서 사진만 남기고, 아내가 기억 속에 간직한 골목길을 찾아 나섰다. 하지만 21년이라는 시간은 골목의 상점들을 유명 브랜드 매장으로 바꿔 놓았다. 예전의 작은 기념품 가게들과 동화 속 거리 풍경은 사라지고, 평준화된 관광지의 모습만이 남아 있었다.

그럼에도 독특한 상점 간판들은 여전히 앙증맞았고, 그나마 위안이 됐다. 거리 곳곳에서 전통 복장을 입은 젊은이들이 오가는 모습에서 오늘이 평범한 날은 아니라는 것을 짐작케 했다.

잘츠부르크 대성당

 구도심 중앙광장인 레지던스 광장에 들어서면 우선 웅장한 잘츠부르크 대성당이 여행객을 반갑게 맞아 준다. 이 광장에는 관광객을 태운 마차가 줄지어 지나가는 걸로 유명하다. 아름다운 분수가 성당을 배경으로 우아한 자태를 뽐내고 있다.

 대성당은 환한 회색톤 벽에 화려한 보석으로 장식한 간결하면서도 웅장한 내부 장식이 돋보였다. 밝고 활기찬 느낌이 좋았다.

호엔잘츠부르크성
– 성채 위에서 본 회색 지붕의 도시

오후 2시 30분, 호엔잘츠부르크성(Festung Hohensalzburg)으로 향했다. 유럽 최대의 중세 성채로, 한 번도 함락된 적이 없다는 이야기로 유명하다. 잘츠부르크 시내를 한눈에 내려다볼 수 있으며, 내부에는 역사적인 전시물과 아름다운 전망을 즐길 수 있는 공간이 많다.

푸니쿨라(왕복 1인당 29유로)를 타고 성 위로 오르자 잘츠부르크 시내가 한눈에 들어왔다. 강을 따라 굽이치는 회색 도시 풍경이 무척 이색적이다. 체코와 독일에서 붉은색 지붕의 도시만을 봐 왔는데, 회색이라니. 알고 보니 잘츠부르크는 알프스산맥 주변의 슬레이트 석판 산지가 가까워 전통적으로 슬레이트 지붕을 사용해 왔다. 겨울철 폭설에도 눈이 잘 미끄러져 쌓이지 않도록 설계된 지혜다.

도시 반대 방향으로 눈을 돌리면 알프스산맥의 능선이 부드럽게 이어져 흐른다. 몽블랑에서 스위스를 거쳐 오스트리아로 이어지는 알프스의 끝자락이 포근하게 도시를 감싸고 있었다.

모차르트 광장으로 가는 길에 스타벅스를 발견했다. 동유럽 여행 중에 스타벅스를 만나는 건 쉽지 않았다. 아이스라테, 딸기에이드, 당근케이크를 주문하고 15유로를 지불했다. 익숙한 커피 맛에 여행의 피로가 풀리는 듯하다.

  모차르트 광장에 앤티크 카가 잔뜩 모여 있다. 오늘 도시에서 무슨 축제가 있는가 보다. 시내 일정 구간을 반복해서 도는 앤티크 카 경주가 열렸다. 이 때문에 구도심 차량 진입을 막았다. 전통 복장을 한 젊은이들도 축제에 참여한 이벤트인가 보다. 여행 후 이 축제가 5월 말~6월 초에 열리는 잘츠부르크의 성령강림일 축제였음을 알았다.

오후 5시, 도시 외곽에 있는 숙소에 도착했다. 여주인이 영어로 친절하게 안내해 줬고, 깔끔한 시설과 정원, 작은 연못까지 흠잡을 데가 없다. 바비큐 시설도 있었지만 일정이 빠듯해 이용할 수 없었다. 하루쯤 더 머물고 싶은 마음이 들었다.

내일 아침 식사를 준비하러 마트에 갔는데 오늘이 공휴일이라 모든 마트가 일찍 문을 닫았다. 숙소 주인이 알려 줬는데, 깜빡하고 나와서 헛걸음만 했다.

돌아오는 길에 주유소 편의점에 들러 빵, 햄, 계란, 요플레를 샀다. 내일 아침은 굶지 않아도 되겠다. 숙소로 돌아오는 길, 다시 굵어진 빗방울에 기온은 뚝 떨어진다. 아내가 추위를 많이 타는 편이라 감기에 걸리지 않을까 걱정됐다.

5/31
금요일

동유럽 19일차, 잘츠캄머구트 1일차

잘츠부르크의 짧은 일정을 뒤로하고, 오늘부터 잘츠캄머구트(Salzkammergut)에서 3일을 머문다. 호수와 산, 소박한 마을들이 이어지는 이 지역은 '오스트리아의 휴양지'로 불리는 곳이다. 비가 간헐적으로 내리는 흐린 하늘 날씨지만 오히려 잘츠캄머구트의 고즈넉한 아름다움을 더 진하게 느낄 수 있기를 기대해 본다. 그곳으로 떠나기 전, 잘츠부르크 외곽에 있는 두 곳을 방문했다.

헬브룬(Hellbrunn) 궁전

오전 11시, 헬브룬 궁전에 도착했다. 17세기 초, 잘츠부르크 대주교 마르쿠스 시티쿠스가 여름 별장으로 사용한 곳이다. 바로크 양식의 우아한 건물과 유쾌한 트릭 분수로 유명한데, 비 때문에 정원 산책을 오래 하지 못했다.

레오폴츠크론 성(Leopoldskron Palace)
– 영화 속 장면을 상상하다

오후 12시 30분, 영화 〈사운드 오브 뮤직〉 팬이라면 낯설지 않을 레오폴츠크론 성을 찾았다. 영화 속 대령의 저택으로 등장했던 곳으로, 마리아와 아이들이 보트를 타다 대령에게 들켜 놀라며 물에 빠지는 장면이 바로 이 호수에서 촬영됐다.

 건물은 현재 호텔로 운영되고 있는데 투숙객만 출입할 수 있도록 게이트가 설치되어 있어서 들어가 볼 기회는 없었다. 대신 건너편 호수 공원에서 바라보니 수십 년 전 영화 장면 속 저택의 모습이 선명히 떠올랐다. 호수에는 유난히 오리가 많았다. 호수 가운데 작은 섬은 인간이 간섭할 수 없는 그들만의 안락한 보금자리였다.

Strobl 숙소 도착

 오후 2시 30분, 잘츠캄머구트 남쪽에 위치한 Strobl 마을 숙소에 체크인했다. 숙소는 마을 외곽에 위치한 신축 건물이다. 숙소 근처에 넓은 잔디 구장이 보인다. 아마도 이 동네 체육공원인가 보다. 마을도 둘러볼 겸 동네 피자집 CARL-ZONE을 찾았다. 야채 수프, 알리오올리오 파스타, 마르게리타 피자, 콜라와 생수로 늦은 점심을 먹고 50유로를 지급했다. 체코와 비교하면 비싸지만, 오스트리아 물가를 생각하면 적당했다.

바트 이슐(Bad Ischl)
– 황제의 여름 별장

오후 5시, 숙소에서 차로 30분 거리의 바트 이슐을 방문했다. 강변에 주차하고 다리를 건너면 곧바로 구시가지다. 날씨는 여전히 우중충했고, 바람까지 차가웠다. 바트 이슐은 19세기 초반부터 소금물의 의학적 특성 덕분에 인기를 얻기 시작한 온천 도시다.

길거리를 산책하면서 바닥에 새겨진 스타 사인들을 발견했다. 이곳에서 스타 사인 만드는 행사가 있었나 보다. 기념품 가게에 들러 아기자기한 소품들을 구경했고, 마음에 드는 에스프레소 커피잔 하나를 구입했다. 작은 물건 하나가 여행의 한 장면을 오래 기억하게 한다.

바트 이슐에는 오스트리아 황제 프란츠 요제프와 황후 시씨가 약혼한 장소로 유명한 카이저빌라(Kaiservilla)가 있다. 도심 높은 위치에 자리 잡은 이 빌라는 그 시절 왕실의 여름 별장으로 사용되었다. 늦은 시간이라 내부는 닫혀 있었고, 입구 앞 입간판만 사진에 담고 돌아섰다. 언제나 여행은 '다음'을 남긴다.

6/1
토요일

동유럽 20일차, 잘츠캄머구트 2일차

비와 안개 속, 호수 마을을 거닐다

오늘도 하루 종일 비 예보가 있다. 최고 기온 12도로 쌀쌀하다. 호수와 산의 멋진 풍경을 기대하던 마음에 불길한 예감이 스친다. 그러나 비 덕분에 이 지역 특유의 색다른 매력을 차분히 느낄 수도 있다는 희망을 가져 본다.

스트로블 마을
– 비를 피한 소박한 산책

숙소가 있는 스트로블(Strobl) 마을을 둘러보았다. 잘츠캄머구트의 유명한 관광지는 아니지만, 여러 호수 마을 사이에 있어 접근성이 좋다. 호수 부두도 가까워 유람선을 타기에도 적합한 위치다. 비가 오락가락해서 멀리 가지 못하고 숙소 근처를 산책했다. 오가는 사람이 드물어 조용히 우리만의 시간을 보낼 수 있었다.

할슈타트 가는 길
– 비와 만석의 주차장

조금씩 비가 그치길 기대하며 할슈타트로 출발했지만, 도착하자마자 현실은 달랐다. 비는 여전히 내렸고, 가까운 주차장은 모두 만석이어서 주차장을 찾아 몇 바퀴를 돌다가 그만 할슈타트를 벗어나고 말았다. 유턴할 곳도 마땅치 않아, 계획을 바꿔서 근교 드라이브를 하기로 했다.

오버트라운(Obetraun)과
다흐슈타인(Dachstein) 케이블카

할슈타트 옆 마을인 오버트라운까지 갔다. 이곳에서 다흐슈타인 케이블카를 타고 전망대에 오르면 할슈타트 호수를 내려다볼 수 있다고 들었다. 하지만 비로 인한 기상 악화 때문에 케이블카는 운행을 중단했고, 인적 없는 주차장과 닫힌 매표소만이 우릴 맞았다.

바드 아우시
– 수선화 축제

오후 1시, 바드 아우시(Bad Aussee)에 도착했다. 수선화(Narcissus) 축제가 열린다고 해서 기대하며 왔으나, 우리가 상상한 꽃밭 축제는 아니었다. 아이부터 어른까지 손에 수선화 꽃다발을 쥐고 분주히 꽃 장식을 만들었다. 우리가 떠올린 것은 넓은 들판 가득한 꽃밭이었지만, 실제는 지역 주민들이 직접 작품을 만들고 경연하는 작은 마을 축제였다.

여행 가이드 자료에서 이곳 수선화 축제를 소개하는 글을 우연히 보고 관심이 생겼고, 축제 기간을 맞추기 위해 동유럽 여행 일정을 다시 짰는데 결과적으로 잘못된 결정이었다는 걸 알게 되었다. 당초 계획은 오스트리아를 전부 여행한 후 체코, 폴란드, 독일로 다녀오는 루트였다. 잘츠캄머구트 머무는 3일 동안 비만 바라보고 있으니 아쉬움이 너무 컸다. 기대와 실망의 모순을 다시 느낀 경험이었다.

오후 3시에 시작될 올드카 퍼레이드를 보기 위해 도로 양옆은 이미 사람들로 가득했다. 우리는 교통 혼잡을 피해 일찍 자리를 떴다.

고사우 호수
– 흐린 날의 보상

점심은 고사우 호수로 가는 도중에 해결하려 했으나, 마을의 식당과 카페는 토요일 낮 12시가 되면 대부분 문을 닫아서 결국 배고픔을 참고 고사우까지 갔다.

고사우 도착 전에 제법 큰 마을을 지나가는데, 낮은 구름 낀 마을 풍경이 그림 같았다. 잠시 멈추고 내리니 습기를 잔뜩 머금은 숲 냄새가 짙게 다가온다. 그야말로 청정 마을이다. 마을 뒤 언덕에 작은 분홍색 교회 건물이 보인다. 궁금한 마음에 가 보고 싶었지만 많은 비가 내려 포기했다.

오후 3시 30분, 고사우 호수에 도착했으나 비로 인해 케이블카는 운행하지 않았다. 호수 주변이 안개로 자욱했지만, 그 흐릿함이 오히려 호수의 신비로움을 더했다.

호숫가 식당에서 늦은 점심을 먹었다. Pork Schnitzel, Tomato Soup, 콜라, Banana Split Sundae, 팁 포함 총 40유로를 지급했다. 오스트리아 대표 음식인 슈니첼을 이곳에서 처음 먹었는데, 짜고 평범한 맛이다. 아이스크림으로 기분을 달랬다.

안개가 잠시 걷히자 절벽 위에 쌓인 눈과 호수의 고요한 수면이 드러났다. 이탈리아의 돌로미티를 떠올리게 하는 풍경이었다. 이번 여행 중 가장 멋진 자연 풍경 중 하나로 기억된다.

그러나 비와 바람 때문에 너무 추웠다. 현재 기온은 영상 10도지만, 체감 온도는 영하에 가까웠다. 아내는 손이 시려 사진도 찍지 못했다. 이번 여행 중 가장 추운 날씨였다. 서둘러 할슈타트로 떠났다.

할슈타트
– 비에 젖은 풍경

오후 5시 30분, 할슈타트로 돌아왔다. 비는 계속 왔지만, 물기를 머금은 할슈타트의 풍광은 우리를 동화 속 마을로 안내하였다. 빗속에서도 빛나는 마을의 아름다움이 무척 매혹적이다.

여행객들은 비를 맞으면서도 호숫가를 배경으로 인생 사진을 남기느라 분주했다.

좁은 골목길을 벗어나면 예쁜 광장이 우리를 반겨 준다. 알록달록한 건물들이 동화 속 장면을 그대로 연출해 준 광장을 끼고 호숫가에 위치한 할슈타트의 상징, 루터교회는 사진에 가장 많이 담기는 명소다.

마을이 끝나는 지점에 인생 사진을 찍는 명소가 있다. 여행 프로그램을 통해 수없이 봤던 풍경이 내 눈앞에 펼쳐지다니! 마침내 할슈타트 방문 미션 성공! 방금 지나온 루터교회와 호숫가 경치가 그림같이 내 눈앞에 펼쳐졌다.

어제 구입해 둔 고기로 스테이크를 요리하려 했지만, 고기의 질이 좋지 않아 결국 버렸다. 체코에서 먹은 소고기 맛이 새삼 그리웠다. 상추와 오이로만 간단히 식사를 할 수밖에 없었다.

오늘은 계획한 만큼 보지 못했지만, 그 대신 비와 안개가 만들어 준 새로운 경험과 풍경을 맛볼 수 있었다. 허탕 친 케이블카, 고사우 호수의 안개 낀 물빛과 비에 젖은 할슈타트의 골목길. 힘들었던 하루가 진한 기억으로 남는다.

동유럽 21일차, 잘츠캄머구트 3일차

구름 위를 걷고 호숫가에 앉다

6/2 일요일

오랜만에 비가 오지 않는 아침. 잘츠캄머구트의 날씨가 잠시 우리 편이 되어 주었다. 아침도 거르고 할슈타트로 향하는 발걸음이 오늘만큼은 가벼웠다.

　어제 방문했던 바드 아우시 동네를 지나가는데, 도로변에 엄청 많은 차들이 주차해 있다. 수선화 축제의 마지막 날인 일요일에 근처 주민들이 모두 모인 것 같았다.

할슈타트 방문
– 다시 만난 엽서 마을

　오전 9시, 할슈타트 제2주차장에 도착했다. 어제는 비와 주차난으로 충분히 둘러보지 못했는데, 오늘은 약간 흐리지만 비가 오지 않아 사진 찍기 딱 좋은 날씨다. 마을로 들어가는 발걸음이 가볍다.

　마을 광장에 드리운 낮은 구름 사이로 한줄기 폭포가 나타났다. 최근 비가 많이 와서 생긴 폭포인가 보다.

　다시 사진 명소에 왔다. 숨이 멎을 듯한 명장면이 펼쳐진다. 잔잔한 호수 위에 마을과 산이 반영된 프레임은 현실과 그림의 경계를 모호하게 만든다. 방문을 기념하여 엽서 속에 나오는 멋진 호수와 마을을 배경으로 인생 사진을 담았다.

　호수에 비친 마을 경치가 무척 환상적이다. 땅과 호수의 구분이 어려울 만큼 호수는 맑고 고요하다. 다른 어디에서 이처럼 멋진 풍광을 만날 수 있을까?

떠나기 아쉬워서 마을 이곳저곳을 둘러보았다. 언제 다시 올 수 있을까?

마을에 이른 시간에 영업하는 식당이 없어서 배고픔을 참고, 다흐슈타인(Dachstein) 케이블카 정류장으로 출발했다.

다흐슈타인 케이블카
– 구름 속 전망대 트래킹

케이블카 정류장 카페에서 빵과 커피로 아침을 해결했다. 원래 1인당 44유로의 케이블카 요금은 일요일이라 무료, 주차비도 무료였다. 첫 케이블카를 타고 5분쯤 올라가서 만나는 정류장에서 케이블카를 갈아 타고 10분쯤 더 올라가야 한다. 이곳 중간 정류장에서 내려 조금 걸어 가면 석기시대 동굴을 볼 수 있다는데, 아쉽지만 시간 여유가 부족해 해발 2,110m에 있는 종점으로 바로 갔다.

종점에서 다섯 손가락 전망대(Five Fingers)까지 왕복 2시간의 트래킹을 시작했다. 6월인데도 산에는 빙하가 곳곳에 남아 있고, 길을 걷다 마주한 십자가 뒤로 거대한 빙벽이 둘러싸고 있어 빙하 속에 들어온 듯한 느낌을 준다.

트래킹 도중에 구름이 장난을 친다. 구름이 잠시 걷히면 할슈타트가 살짝 보이다가 이내 구름이 몰려와 심술궂게 호수를 가려 버린다. 우리는 안개인지 구름인지 모르는 자욱한 길을 걸으며 환상에 빠진다.

 전망대에 도착했지만, 바로 앞은 온통 구름뿐이다. 하늘과 땅의 경계가 사라져 할슈타트가 전혀 보이지 않는다. 너무 아쉽다. 그래도 흔적은 남겨야 하기에 사진 몇 장을 남기고 벤치에 앉아 날씨가 개기를 기다려 본다.

 이곳에서 네덜란드에서 심리학을 공부하는 싱가포르 여학생을 만났다. 한국말이 아주 능숙해서 한국 사람으로 착각했는데, 9살부터 한국어

에 관심을 갖고 한국 드라마를 보면서 공부했다고 한다. 외국인이 한국어를 잘하는 게 무척 신기하다.

케이블카 정류장으로 돌아오는 길에 전망 벤치가 있다. 앉아 숨을 고르며 생각에 잠겼다. 여행한 지 20일이 지났고, 이제 사흘 뒤면 집으로 돌아간다. 여행 끝 무렵이면 집에 가기 싫은 마음이 드는 건 왜 그럴까?

이 산에서 패러글라이딩을 한다고 들었는데, 마침 이륙 준비 중인 사람을 만났다. 몇 시간을 준비했지만, 오늘은 날씨가 좋지 않아 어려울 것 같다고 한다.

언덕 위에 방주처럼 생긴 건축물이 있다. 전망대였다. 맑은 날씨였으면 주위 고봉들이 한눈에 들어오는 포인트인데 날씨가 도와주지 않았다.

Heilbronn Chapel
– 산 위의 특별한 교회

트래킹 길에서 약간 벗어나면 외딴곳에 작은 교회 하나가 있다. 1954년 눈사태로 목숨을 잃은 10명의 어린 학생과 3명의 교사를 기리기 위해 지어진 공간이다. 구름 속에 숨은 이 교회는 아담하지만 무척 경건해 보였다.

2시간 동안 해발 2,100m 높이의 구름 위를 산책했는데, 운치 있는 특별한 경험이었다. 케이블카로 내려오는 도중에 날씨가 맑아져 산 아래 동네가 선명하게 보인다. 여행은 날씨 운이 많이 좌우함을 실감한 잘츠캄머구트 여행이었다.

　케이블카 중간 정류장인 해발 1,330m에 있는 휴게소에서 점심을 먹었다. 굴라시, 생선가스, 주스를 주문했고, 32유로를 지급했다. 지상으로 내려오니 따뜻한 햇살이 우리를 반긴다. 기온이 19도로 올라갔다. 초겨울에서 초여름으로 순간 이동한 셈이다.

잠시 휴식을 취하려고 숙소로 돌아왔다. 숙소 근처에 상당히 많은 차들이 주차해서 의아했는데, 숙소 옆 축구장에서 동네 축구 시합이 열리고 있었다.

산트 울프강(St. Wolfgang) 방문

오후 4시 30분, 잘츠캄머구트의 또 다른 마을 산트 울프강(St. Wolfgang)에 도착했다. 다채로운 색과 문양으로 꾸며진 건물들이 앙증맞았다. 호텔과 레스토랑이 밀집해 있고, 관광객이 많은 마을답게 활기가 넘쳤다. 단지 늦은 오후에 방문해서 충분히 마을을 둘러보지 못해 아쉬웠다.

호숫가 공원 벤치에 앉아 잠시 망중한을 즐겼다.

800년대에 지어진 산트 울프강(St. Wolfgang) 대성당은 고풍스럽고 중후했다. 기둥과 천장의 문양, 세월의 흔적이 남은 나무 의자 하나하나가 오랜 이야기를 품고 있었다.

내일이면 잘츠캄머구트를 떠난다. 아쉬움을 달래려고 숙소 동네 호숫가로 나갔다. 맑게 갠 하늘에 떠 있는 구름이 호수에 떨어진다. 상쾌한 저녁 바람을 맞으며 평온한 분위기에 젖어 본다. 며칠 더 머물고 싶은데, 떠나야만 하는 일정이 야속하였다.

6/3
월요일

동유럽 22일차, 바하우(Wachau)

수도원과 강 그리고 비

잘츠캄머구트를 떠나 바하우 계곡으로 향했다. 오늘의 목적지는 멜크 수도원(Melk Abbey), 그리고 도나우 강을 따라 이어진 고성과 포도밭이 펼쳐진 드라이브 코스다. 온종일 비 예보가 있어서 걱정이다.

멜크 수도원
– 화려함이 품은 질문

 2시간 운전 끝에 오전 11시 30분, 멜크 수도원에 도착했다. 11세기 설립되어 18세기에 지금의 모습으로 재건된 멜크 수도원은 유럽에서 가장 아름다운 바로크 양식 수도원이다.

수도원에는 세계적으로 유명한 도서관이 있는데, 10만 권 이상의 장서와 12세기부터 전해 내려오는 귀중한 필사본 2,000점이 보관되어 있다고 한다.

　입장료는 1인당 16유로였다. 도서관 방문은 예약자만 입장이 가능해 내부를 볼 수 없었다. 수도원 건물은 무려 196m에 달하는 긴 회랑 복도가 있는 게 특징이다. 2층으로 올라가면 화려한 성화와 금은으로 장식된 보물들로 가득하다.

　박물관 구경을 마치면 수도원 성당으로 바로 연결된다. 성당의 파사드가 새롭게 단장한 듯 화려하면서도 단정한 모습이다.

　도서관 내부 투어는 못 했지만 그래도 가까이서 내부를 들여다볼 수 있어서 다행이었다.

　수도원 성당은 화려한 장식과 어린 모차르트가 연주했던 파이프 오르간으로 유명하다. 실내 장식은 화려함의 극치였다. 금박으로 수놓은 중앙 제단과 벽면, 성인의 유골과 유물 장식들. 성당 내부는 사진 촬영이 금지라서 조금 의아했는데, 너무 화려해서 보여 주기 싫은 건가?

여행자의 생각

　주교와 사제들의 화려한 의상과 장신구는 권세를 상징한다. 그러나 그들이 섬긴 예수님은 늘 헐벗고 십자가 위에 달려 있다. 성스러운 공간을 만든다고 시작했지만, 시간이 지나며 화려함은 성당의 경쟁이 되었을 것이다. 오히려 단순한 벽화 하나가 더 큰 메시지를 전할 수 있지 않을까?

성당을 나서면 성당의 첨탑 내부를 볼 수 있도록 설치된 거울 덕분에 고개를 꺾지 않아도 아름다운 나선형 디자인을 감상할 수 있었다.

도나우 강변 드라이브
– 이름 없는 성과의 조우

　오후 1시 30분, 수도원을 나와 도나우 강을 따라 드라이브를 시작했다. 비가 잦아들자 햇살이 간간이 비쳤다. 내 마음도 함께 밝아졌다.

　도나우 강을 끼고 높은 절벽 위에 서 있다는 Aggstein Castle을 찾아갔지만, 구글맵이 안내한 길은 가파른 산길과 비포장도로여서 위험을 느껴 포기할 수밖에 없었다. 구글맵에서 캡처한 Aggstein Castle 풍경 사진으로 아쉬움을 달랬다.

　대신 도중에 만난 이름 모를 작은 성과 도나우 강변 풍경이 위로해 주었다.

　수일간의 비로 강의 수위가 꽤 높아져 있었다. 강 위를 가로지르는 유람선이 물살을 가르며 유유히 지나가는 풍경도 정겨웠다.

　강변에 자리한 숙소에 4시경 도착했다. 외관은 소박했지만, 실내는 고풍스러운 유럽 귀족풍 인테리어를 갖추고 있다. 도나우 강을 내려다보는 넓은 테라스가 매우 마음에 들었다. 도도히 흘러가는 강물과 함께 와인 한잔을 곁들이면 여행의 피로가 사라질 것 같은데, 비가 와서 어쩔 수가 없었다.

　방은 무척 넓고 높은 천장과 큰 가구들 덕분에 웅장한 느낌이었지만, 키가 작은 우리 부부에게는 조금 불편하기도 했다. 하룻밤 자고 가는 나그네에겐 과분해 아쉬움이 컸다.

Caprese 식당
– 비와 우박 속의 맛집

저녁 장을 보기 위해 마켓에 들렀는데, 나오자마자 폭우가 쏟아지고 급기야 작은 우박까지 내렸다. 원래 가려던 식당에 들어갈 수 없었고, 급히 근처 Caprese 피자 전문점으로 발길을 돌렸다.

반 판씩 나눠 서빙해 주는 피자는 맛과 센스 모두 만족스러웠다. 카프레제샐러드는 조금 짰지만 신선했다.

주인장은 이탈리아 출신 셰프로, 오스트리아 여성과 결혼해 이곳에 정착했다고 한다. 식당 안은 포장 주문 고객들로 계속 붐볐다. 이 마을의 유명 맛집임이 분명하다.

식당 창밖으로는 비에 젖은 포도밭이 보인다. 바하우 계곡은 오스트리아 와인의 대표 산지답게 비를 머금은 신록의 포도밭이 더욱 싱그럽다.

6/4
화요일

동유럽 23일차

오전, 바하우 계곡
- 포도밭 언덕 위에서 멈춘 시간

바하우 계곡에서 보내는 둘째 날. 오늘의 목적지는 스피츠(Spitz) 마을의 언덕 위 폐허 성인 Ruine Hinterhaus였다. 어제 비에 젖은 포도밭 풍경이 오늘은 청명한 햇살과 함께 다른 얼굴을 보여 주었다.

Ruine Hinterhaus
– 중세 폐허 위의 장관

스피츠 지방미술관에 차를 세우고 15분 정도 짧은 오르막길을 걸어 올

라가, 숙소 주인이 강력 추천해 준 Ruine Hinterhaus 전망대를 찾았다. 유적지 바로 밑까지 포도밭이 있는 게 신기하다.

12세기에 세워져 방어 요새로 사용되었던 이 성은 지금은 폐허만 남았지만, 그 풍경만은 여전히 살아 있었다. 성의 방어벽과 탑은 로마네스크 양식의 흔적을 품고 있었고, 그 아래로는 끝없는 포도밭과 도나우 강이 굽이쳐 흐르는 풍경이 펼쳐진다. 말로 설명하기 어려운 장면. 엽서 속 그림이 눈앞에서 움직이는 것 같았다.

올라오길 정말 잘했다. 시간이 멈춘 듯한 장엄하면서도 아름다운 풍경을 마주하니 가슴이 확 트인다. 성의 탑에서 바라본 풍광에 숨이 멈춘

다. 폐허가 된 과거 성곽의 자취, 변함없이 유유히 흐르는 도나우 강, 강을 끼고 붉게 뿌려진 마을의 지붕들 그리고 푸르른 포도밭이 창조하는 아름다움을 다른 무엇과 비교할 수 있을까?

돌로 쌓은 성이어서 주요 구조물의 뼈대는 충분히 볼 수 있었다. 이 동네를 지나가는 여행자라면 꼭 방문해 보길 추천하고 싶다.

성에서 내려와 스피츠 마을을 빠져나오던 길, 도로변에 작은 나무들이 줄지어 있었다. 붉은 열매가 주렁주렁 달린 나무에 가까이 다가가 보니 체리 나무였다. 가로수가 체리라니! 차를 세우고 몇 알을 따서 먹었다. 손끝에 묻은 과즙의 달콤함은 여행자의 피로를 단숨에 씻어 주었다. 이런 소소한 발견이 자유여행이 주는 가장 큰 선물이다.

포도밭과 시골 마을 사이로 작고 노란 전동차가 지나갔다. 포도밭과 전동차를 한 프레임에 담으며 이곳의 평화로운 일상을 사진으로 저장했다. 참으로 평화스러운 장면이다.

판도르프 아울렛
– 기대와 발견 사이

오전 11시, 오스트리아 빈 근교에 있는 판도르프 아울렛(Pandorf Outlet)

을 찾아갔다. 명품 아울렛답게 브랜드 가게들이 즐비했지만, 원하는 디자인 상품을 찾는 게 쉽지 않았다. 관심 있는 몽클레어(Moncler) 매장에 들렀으나 대부분 젊은 층을 위한 디자인이었다. 결국 오늘도 빈손이다.

아울렛 안에서 점심을 간단히 해결하고, 옆에 있는 평범해 보이는 쇼핑몰로 자리를 옮겼다. 그곳에서 아내가 무척 좋아하는 미국계 할인 잡화점 T.K.Maxx를 발견했다. 미국의 T.J.Maxx와 내부 구조와 분위기가 똑같았다. 아내는 이곳에서 1시간 넘게 시간을 보냈고, 여행 마지막 쇼핑은 이렇게 아내의 취향으로 채워졌다.

헝가리 죄르(Győr)
– 국경 도시의 고즈넉한 황혼

23박 24일의 긴 여정의 마지막 날 오후. 동유럽 5개국을 숨 가쁘게 달려온 여행이 오늘로 끝난다. 떠날 때는 길게만 느껴졌던 일정이 돌아갈 때는 늘 짧게 느껴진다.

저녁 7시, 헝가리 국경 도시 죄르(Győr)의 숙소 Luxury Studio 24에 도착했다. 아늑한 스튜디오형 숙소로, 긴 이동의 피로를 잠시 풀기에 충분했다.

짐을 풀자마자 죄르 구도심을 둘러보려고 길을 나섰다. 죄르는 헝가리 북서부의 역사 도시로, 오스트리아와 슬로바키아 국경과 가까워 동유럽 자동차 여행자들에게 좋은 경유지 역할을 한다.

물에 반영된, 노을이 물든 구도심 풍경은 기대 이상이었다.

유대인 회랑인 시나고그 건물이 고풍스럽다.

작은 도시라서 볼거리가 많지는 않은 것 같았다. 클래식한 시청 건물이 돋보인다.

숙소로 돌아오는 길, 하늘에 걸린 노을빛이 오래도록 발걸음을 붙잡았다.

6/5
수요일

동유럽 24일차

마지막 아침과 출국 전 산책

숙소에서 제공한 쿠폰으로 사용할 수 있는 인근 식당에서 아침을 먹

었다. 음식의 퀄리티는 기대에 미치지 못했다. 유럽 소도시 숙소의 조찬 서비스는 대부분 큰 기대를 하면 안 된다는 것을 이번 여행에서 배웠다.

출발까지 약간의 여유가 있어 죄르 시내를 다시 걸었다. 맑고 따뜻한 공기가 전날의 흐린 구름을 모두 밀어낸 듯했다. 짧은 산책이었지만, 한 번은 들를 만한 도시였다.

공항으로 향하는 길, 도로 옆으로 빨갛게 피어난 양귀비꽃 들판이 펼쳐졌다. 붉은 물결에 시선을 빼앗기며, 마음속으로 다음 여행을 그려 본다.

공항 출국장 앞에 주차하고 체크인한 후 렌터카를 반납하러 갈 때 문제가 발생했다. 나가는 게이트에서 주차 요금을 정산하는 걸로 생각했는데, 게이트에는 정산기가 없었다. 내 차 뒤로 여러 대의 차가 서 있는 상황에서 큰 낭패였다. 뒤에 있는 차들에게 양해를 구하고 후진해서 돌아와 안내 데스크에서 물었더니 요금 정산기 위치를 알려 준다. 여행 마지막 날까지 주차 시스템이 힘들게 하였다.

오후 3시 30분, 폴란드 항공에 탑승했다. 비행기가 마침내 이륙했다. 동유럽 여행 내내 비와 구름에 시달렸는데, 마지막 날 하늘은 맑고 눈부시다.

창밖의 비행기 그림자는 마치 상어 한 마리가 함께 따라오는 듯 재미있었다. 한국 시간으로 오전 9시 30분, 12시간 비행 끝에 인천국제공항에 무사히 도착했다. 이제 다시 일상으로 돌아간다. 그리고 문득 마음속에 스친다. '다음 여행은 어디로 갈까?'

에필로그

여행은 끝났지만 여전히 길 위에 서 있는 기분이다. 짐을 풀고, 카메라 메모리를 정리하고, 잔뜩 모아 온 티켓과 영수증을 한 장씩 펼쳐 보다 보면, 마음은 아직도 프라하의 노을 속에, 바하우의 포도밭 위에 머물러 있다.

여정이 길수록 그 끝은 늘 허무하다는 느낌이다. 한 달 가까이 길 위에 머물렀지만 결국 다시 돌아온 곳은 매일 걷던 골목, 익숙한 식탁, 늘 같은 책상이다. 일상의 삶으로 돌아온 현실 앞에서 다시 떠나고 싶은 마음이 드는 건 왜 그럴까? 매일 같은 듯한 하루를 잠시 다른 곳에서 머무는 것이 여행이 아닐까? 그래서 여행은 끝나도 사라지지 않고, 집으로 돌아와도 우리는 여전히 여행 중이다.

이 긴 여행이 힘들었던 순간도 여러 번 있었다. 비 때문에 계획이 틀어져 답답했던 날, 뜻 모를 주차 정산기 앞에서 고생하던 날, 공사로 길이 막혀 한참을 돌아갔던 날. 그 모든 것이 그때는 짜증이었지만, 지금은 이야기의 살이 되어 즐거움으로 다가온다.

돌이켜 보면 기억나는 건 그 도시가 아니라 그 도시에서 경험한 우리의 삶이었다. 부다페스트 숙소의 추웠던 기억, 빈의 벨베데레 궁전에서 본 클림트의 황금빛, 모라비아의 이름 모를 들판에 핀 양귀비꽃에 기뻐한 환호성, 드레스덴 구시가지의 야경 속을 거닐던 발걸음, 비 내리는 할슈타트의 골목, 잘츠부르크에서 우연히 마주친 앤티크 카 퍼레이드, 바하우 계곡의 도나우 강과 이름 모를 성, 스피츠 마을의 도로변 체리, 죄르의 노을빛 골목. 그리고 이 모든 순간 옆에서 함께해 준 고마운 아내가 있어서 행복한 여행을 할 수 있었다.